Carl August von Rhoeden

Geschichte der Herren von Rhoeden

aus dem Hause Runow und Winningen

.

Carl August von Rhoeden

Geschichte der Herren von Rhoeden
aus dem Hause Runow und Winningen

ISBN/EAN: 9783743487642

Hergestellt in Europa, USA, Kanada, Australien, Japan

Cover: Foto ©ninafisch / pixelio.de

Weitere Bücher finden Sie auf **www.hansebooks.com**

Geschichte

der

Herren von Rhoeden

aus dem Hause

Runow und Winningen.

Von G. F. C. A. v. Rhoeden

Statt Manuscript gedruckt.

Verden, 1864.

Gedruckt in F. Treffan's Officin.

Geschichte

der

HERREN von RHOEDEN

aus dem Hause

RUNOW und WINNINGEN;

Statt Manuscript gedruckt

für Mitglieder und Freunde der Familie.

Verden 1864.

Gedruckt u. lithographirt i F Tressan's Officin.

Der Uradel hat seinen Stand nur Gottes gnädiger Fügung aber nicht der Gunst der Fürsten zu verdanken. Diese sind die ersten seines Standes und daher seine geborenen Führer.

Mögen beide Theile dies stets vor Augen und im Herzen haben. —

Es ist für den, welcher die Feder selten zur Hand nimmt und sich nie mit schriftstellerischen Arbeiten befaßte, eine schwere Aufgabe, auch vor dem engeren Familienkreise mit einer kurzgefaßten historischen Arbeit zu erscheinen und dabei ohne Befangenheit zu sein. Ich bitte daher Euch, Leser, das Mangelhafte, welches Ihr in dem vorliegenden kleinen Werke bemerkt, mit Nachsicht zu beurtheilen und dabei nur den guten Willen des Verfassers vor Augen zu haben, welcher bezweckt, Euch auf richtiger Unterlage den Leitfaden in die Hand zu geben, um mit diesem in den Forschungen der ältern Familiengeschichte mit Eifer fortzufahren.

Ich werde alle unnöthige Weitschweifigkeit zu vermeiden suchen und nur den Zweck vor Augen behalten, der Nachkommenschaft in gedrängter Kürze die Geschichte der Familie auf historische Basis gegründet zu überliefern, um den Mitgliedern derselben ein gerechtes Selbstgefühl nachhaltig zu erwecken, damit sie ohne alle Selbstüberhebung und albernen Hochmuth es sich zur Ehre rechnen, zu heißen wie sie heißen, und es die jüngeren anspornt, dem alten und geachteten Namen mit Aufbietung aller Energie in jeder Beziehung, wie ihre Vorfahren es gethan, Ehre zu machen, und sich dadurch die Achtung der Mit- und Nachwelt, wie die Sympathien ihrer Standesgenossen zu erwerben und zu erhalten.

Da Du nun, mein lieber ältester Sohn Ascan, in dem Lande, wo unsere Väter fünf Jahrhunderte angesessen gewesen, in dem alten, guten, kernigen Pommern und sogar in demselben Kreise, wo unsere Väter vier Jahrhunderte saßen, in diesem Augenblicke durch den Kauf

A

von Bietzow bei Belgard selbst wieder großer Grundbesitzer geworden
bist, und Du mit des Allmächtigen Hülfe solche Einrichtungen treffen
wirst, daß dieser Besitz der männlichen Nachkommenschaft des Geschlechtes bis zu ihrem Erlöschen erhalten bleibt, so hast Du nun
die beste Gelegenheit, in den dortigen Familien-Archiven, namentlich
der Borke, Wedell, Kleist u. s. w., und der zur Zeit unserer Vorfahren in der Gegend von Runow und Winningen angesessen gewesenen und in den Stammbäumen zu ersehenden durch Heirathen
verbundenen pommerschen Geschlechtern Dich umzuschauen, und hoffentlich wird dann Deine Mühe belohnt werden, und sich noch manches Werthvolle finden, welches bis jetzt fehlt, da sämmtliche Urkunden und Regesten, welche in den Händen unsrer Vorfahren auf den
Gütern waren, in den früheren blutigen Kriegen, womit Pommern
bis zum 18. Jahrhundert heimgesucht wurde, und durch die dadurch
verursachten Feuersbrünste und Plünderungen vernichtet sind. Die
später hier angeführten Urkunden sind aus dem Stettiner Archiv in
beglaubigter Abschrift durch den Archivar Herrn Doctor Klempin mir
mitgetheilt. Wahrscheinlich wird aber noch anderwärts, namentlich
in Halberstadt und dortiger Gegend, werthvolles Material zu finden
sein.

Der Artikel aus Zedler's Univ.-Lexicon, welcher bei den Familien-
Papieren liegt, und auf den sich hauptsächlich der Domherr Ascan
von Rhoeden zu Naumburg zu Anfang des 18. Jahrhunderts in
seinen von ihm gelieferten handschriftlichen Familiennachrichten stützte,
leidet neben manchem Werthvollen doch auch wieder an sehr viel
Unkritik um durchgängig maßgebend zu sein, und trägt den großen
Fehler in sich, daß er auf die, völlig aus der Luft gegriffene Be-
hauptung sich stützt, die Rhoeden und die Rheden und Reden wären
eines ursprünglichen Stammes, wodurch sowohl Ascan von Rhoeden
wie ich selbst in der ersten Zeit meiner Forschungen irre geführt
sind. Diese beiden Geschlechter haben, trotz der Aehnlichkeit des

Namens und Wappens, keinen verwandtschaftlichen Ursprung mit einander gemein und müssen völlig aus einander gehalten werden. Dieses wurde vor zwei Jahren durch ein historisches Gutachten des bekannten Historikers Herrn von Ledebur in Berlin mir bewiesen, woraus ich ersah, daß unsere Familie sich von ihrem ersten Erscheinen an nur Rhoden, Rhoeden, Rothen, auch Rhode, Rothe, Rohde, Roede, Roedenn nannte und schrieb, aber zu keiner Zeit Reden oder Rheden.

Gestützt auf diese festgestellte historische Basis wurde in die Sache mehr Licht gebracht, die Forschungen vereinfacht und endlich mit Hülfe des Königl. preuß. Archivars von Pommern, Dr. Klempin zu Stettin, die beglaubigten Abschriften der bezüglichen vorhandenen Urkunden mir übersandt, nebst den auf diese sich beziehenden historisch-genealogischen Erläuterungen, wodurch ich in den Stand gesetzt ward, vom Jahre 1280 an, mit dem vir nobilis Conrad v. Rhoden, des Vaters von Herrmann von Rhoeden, urkundlich das mir gesetzte Ziel zu erreichen.

Von diesem Conrad v. R. fangen die Stammbäume der Familie in der Alt- und Neu-Mark, und in Pommern mit dem Jahre 1280 an auszugehen, und das Geschlecht erscheint dort mit ihm zu erst nach seiner Auswanderung aus dem Braunschweig-Lüneburgischen.

Erster Abschnitt.

Cap. I.

Der Familienname Roden, Rothen, Rhoeden oder Röden, schreibt sich von den uralten niedersächsischen Worten roden, rothen her, die man bei dem ersten Umbruche oder Neubruche (novale), von Haiden, Wäldern u. s. w., um den Boden culturfähig zu machen, noch jetzt anwendet. Deshalb findet man noch heutigen Tages so viele Ortsnamen in Deutschland mit den Endsylben rode, roden, röde, röden, welche die sie gründenden Familien so, oder waren die Derter schon vorhanden, sich nach ihnen benannten. — Kommt aber der Name von dem Adjectiv roth her, der rothe, auf niedersächsisch de rode, de rothe, so bezeichnen im Gegensatz von dem ersteren novale, die Heraldiker denselben als rufus (roth, röthlich).

Zu der Kategorie des novale gehört die Familie Rhoeden und führt deshalb das Symbol der Balken im Wappen, wie dieß auch bei den Reden der Fall ist. —

Den Namen Rohde, Rode (rufus) findet man noch heute viel im Volke, (wie die Namen Schwarze, Weiß (Witte), Braun u. s. w.) und bei den einzelnen Patriziergeschlechtern, wo der niederdeutsche Artikel de sich allmählig in die lateinische Präposition de (von) verwandelt und festgesetzt hat, (de Rode, der Rothe in de Rode, von Rode), ohne daß dadurch das Geschlecht zum Adel gehört hätte, wenn dieser vielleicht ihm nicht später verliehen wurde.

1

Zu dieser Classe gehören alle jetzt noch existirenden Grafen und Herren von Rohde, Rode und Roden in ganz Deutschland und auch die Familie der Grafen von Rohde in hiesigen Landen, welche in der einen Linie im Jahre 1824 gegraft worden ist[1]).

Bekanntlich beweist die Präposition von oder die lateinische de nicht unbedingt und allein den Adel, da, namentlich in den Küsten-ländern der Nord- und Ostsee, in Holland, Ostfriesland und den Herzogthümern Bremen, Lüneburg u. s. w., noch heutigen Tages sehr viele Bauern- und Bürgerfamilien sich so benennen, wohingegen noch jetzt einzelne Geschlechter des Uradels sich ohne dieses Prädicat schreiben, z. B. die Marschall, Bremer, Schulte, Lütken, Grote, Behr u. s. w.

Auch in der Alt-, Neu- und Uckermark sowie in Pommern herrschte diese Sitte. Aus einer mir vorliegenden lateinischen Urkunde vom Jahre 1321, die Kosten betreffend, welche durch den Krieg des Herzogs von Pommern mit dem Herzog von Baiern nach Aussterben des Ascani-schen Hauses erwuchsen, sind einundsechzig Namen von Herren und Rittern (domini et milites) ohne das lateinische de und achtund-sechzig mit demselben ersichtlich.

---

[1]) Im Jahre 1767 wurde der Oberamtmann von Rode zu Ehrenburg sammt seinen Brüdern und Vettern geadelt. Ein Enkel dieses, August von Rode, ward 1824 gegraft, schreibt sich von da an Graf von Rohde, während sich die Vettern von Roden nennen und schreiben. (Sie führen einen eisernen Handschuh im Wappen.) (Siehe v. d. Knesebeck's geneal. Taschenb.) Auch die jetzigen Herren von Rhaden in Preußen heißen ursprünglich de Rode (rufus), später nannten sie sich (im 17. Jahrh.) van Rhabe, vamme Rhabe und zuletzt von Rhaden, und stammen (nach Klempin) aus einer sehr alten Stralsunder Patrizierfamilie, genannt de Rode, wovon schon einer, Gerhard de Rode, im Jahr 1285 Bürger zu Stargard, als Zeuge erscheint. (Klempin.) Sie führen zwei kreuzweis gelegte Streithämmer im Wappen.

In Duderstadt und Worbsen und Umgegend sind viele Familien dieses Namens im Bürger- und Bauernstande, und mögen mit der Familie des Oberamtmann von Rode eines Stammes sein, da dieses Geschlecht im 16. Jahrh. in der Stadt Hannover zuerst erscheint.

Erst in dem 17. Jahrhundert wurde die Sitte in Pommern und der Neumark allgemeiner bei dem Uradel sich der Praeposition von vor dem Namen zu bedienen, namentlich bei urkundlichen Unterschriften, und diese Sitte ist jetzt fast durchgängig im Gebrauch. Auffallend aber bleibt es immer, wie wenig man früher auf die präcise Schreibart der Namen gab, so daß Jeder, welcher sich mit historischen Forschungen beschäftigt, oft die größte Mühe hat, die Fäden zu entwirren, welche durch die Unsitte hervorgebracht wird, fast nie die Namen ein für allemal auf dieselbe Weise zu schreiben, wodurch ähnliche so leicht verwechselt werden. In zwei vor mir liegenden Verkaufsurkunden von Caspar Rhoeden 1538 und dessen Sohn Georg Rhoeden 1584, wird der erste Jaspar Roebe, Roebenn, Roben, sein Sohn Georgen oder Jürgen Rohde, Roede genannt, und unterschreibt sich jürgen robe m. e. h. (myn egen hand) mit angehängtem Familienwappenschilde so wie das heutige.

Die vorherrschenden Bezeichnungen des Namens waren ursprünglich Roden, Robe, Rothen, Rothe, Röden, Röde, Roeden, Roede und heute Rhoeden. Conrad von Roden, der Stammvater 1192, wird aber schon verschiedentlich genannt als Conrad Rothe, Röbe, (siehe diesen später) und ebenso Hermannus Roede dictus Roden 1321 (s. d. sp.). Dessen Nachkommen nannten sich wieder Roben, Rohden, bis auf Caspar Roeden und mit diesem im Jahre 1522 hat der Name nach und nach die constantere Form mit Roeden, Rhöeden und zuletzt Rhoeden wie heute angenommen und behalten.

Cap. II.

Von dem Jahre 1280 an bis jetzt ist die Geschichte des Geschlechtes der Rhoeden urkundlich und historisch dargelegt und begründet, es muß aber, ehe wir hierzu schreiten, auch der erste Ursprung desselben erforscht und historisch festgestellt werden. Es gab von den frühsten Zeiten an mehrere Geschlechter des Namens Roden, dem Uradel angehörend. Es sollen sogar nach einigen (siehe Hoppe's Gesch. der Stadt Hannover, nach Grupen, Leiser u. s. w. schon ein Werner von Roden im Jahre 785 durch K. Carl den Gr. zum Grafen von Askanien ernannt, und Wilhelm von Roden im Jahr 933 in der Hunnenschlacht bei Merseburg gegenwärtig gewesen sein. Wir wollen diese Angaben dahin gestellt sein lassen. Gewiß aber ist es, daß mit Anfang des 12. Jahrhunderts, und auch schon mit dem Ausgang des 11., der Name urkundlich erscheint. Zu dieser Zeit erscheinen die Roden als Grafen auf Lauenrode und Wunstorf und gründen die Stadt Hannover. Die erstere Linie verschwindet gegen das Ende des 13. Jahrhunderts und die zweite erlosch mit dem Grafen Georg von Roden-Wunstorf in der männlichen Linie in der Mitte des 16. Jahrhunderts. Außerdem gab es ein Ministerial-Geschlecht in der Gegend vom Kloster Schinna bei Minden (siehe v. Hodenberg Calenb. Urk.-Buch 9. Abth. u. s. w.) des Namens Roden, von dem Arnoldus de Ronethe oder Rodenede, miles 1228 und Godefalcus 1254 in Schinna urkundlich vorkommen. Ich glaube, daß dieses Geschlecht ursprünglich ebenfalls eines Stammes mit der gräflichen Linie gewesen ist. v. Hodenberg meint, daß dieses Geschlecht mit dem Orte Rhoden, dem heutigen Rhöden[1]), Kreisamt Schlüsselburg, im Zusammenhange steht, (die Siegel an beiden Urkunden sind abgerissen) jedoch sagte er auch, daß es bis jetzt nicht erwiesen sei, ob die Grafen ihren Namen von diesem Rhoeden oder von einem Schlosse Roden, welches bei Cronsbostel bei Wunstorf gelegen und im 12. Jahrhundert zerstört wurde, herleiteten. —

Dann gab es ein Geschlecht der Roden, welche Burgmänner der Grafen waren und ihren Sitz in Hannover hatten, 3 Lilien

---

[1]) Zur Zeit der Billunger wird der Ort urkundlich Riudenithe genannt. (E. v. Hodenberg.)

im Wappen führten, und im 16. Jahrhundert ausgestorben sind. (Siehe Grupen, Leyser und Hoppe.) Ein drittes urabliches Geschlecht existirte in dem 13. Jahrhundert in den Herzogthümern Bremen und Holstein und führte 3 Ringe im Wappen. Dieses scheint im 16. Jahrhundert oder Anfang des 17. Jahrhunderts ausgestorben zu sein.

Von allen diesen Geschlechtern des Uradels von diesem Namen sind nur noch heutigen Tages die **Roden, genannt Rhoeden, unser Stamm**, übrig geblieben, da wie ich oben schon gesagt, es erwiesen ist, daß alle noch existirenden andern Familien dieses Namens in ganz Deutschland geadelt sind. —

Daß das Geschlecht niedersächsischen Ursprungs und nur von dort in die Neumark und Pommern eingewandert ist, wird von keinem der älteren und neueren heraldischen Schriftstellern bezweifelt, da der Name in Deutschland von jeher nur in Niedersachsen im Mittelalter hervorgegangen und entstanden ist; nur über den ursprünglichen Stamm des Geschlechts, aus dem dasselbe vor dem 14. Jahrhundert entsprossen, könnten verschiedene Ansichten herrschen, welche nach meiner folgenden historischen Auseinandersetzung in eine zusammenlaufen werden.

Die Beweisgründe, daß die Familie aus Niedersachsen in die slavischen Länder verpflanzt ist, sind einfach darauf zu stellen, daß:

1) der Name und die Bedeutung nur niederdeutsch ist, und
2) historisch nur Familien vom Uradel genannt Roden, im nördlichen Deutschland und sonst in keinem andern Lande vor dem 14. Jahrhundert existirt haben, und wenn sich diese nach dieser Zeit dort vorfinden, sie nur aus Norddeutschland dort eingewandert sind, aus Westphalen, Holstein, Hannover, Braunschweig, Thüringen und aus den dazwischen liegenden Ländern, der Mark und Meklenburg. Im

14. Jahrhundert erscheinen die Rhoeden oder Roden zuerst in Pommern und der Neumark. —

Die von Anfang an unterbrochene, von Generation auf Generation überlieferte Tradition ist, daß der unter Heinrich dem Löwen, durch die Meuterei seiner Truppen zur Uebergabe von Stade an Graf Adolf von Holstein gezwungene Conrad von Roden, von Rothen, auch Conrad Rothe oder Röde genannt, (welcher als er sich von Stade fortbegeben mußte, um sich der Verfolgung des Herzogs zu entziehen, nach Peine warf, und auch dort vertrieben wurde) der Stammvater der neumärkischen und pommerschen Linie sei[1]).

---

[1] 1. Dankwerth nebst Spangenberg nennt ihn (in s. Landesgeschichte von Holstein und Schleswig v. Jahre 1652 S. 18) Conrad Rothe oder Röbe und fügt hinzu: „Der Röden hat es auch in Pommern.“

2. Angel, (im 13. Capitel, Seite 27 v. J. 1597) Conrad v. Roden.

3. Kranz, (in seiner sächsischen Chronik v. J. 1582, VII. Buch, Cap. 11) Conrabus von Rothen.

4. Musshard, (Seite 443) Conrabus de Rothe.

5. Annales Steterburg. (Seite 226) Conrabus de Rothen.

6. Dr. C. W. Böttiger, (in seinem berühmten Werke betr. die Geschichte Heinrichs des Löwen) Conrad von Rhode, von Robbe, von Roden.

7. Angel spricht sich folgendermaßen über die Uebergabe von Stade aus:
„Conrad von Roden ist Herzogs Heinrichs d. L. Statthalter zu Staden gewesen, und hat seinem Herrn ein Kriegsvolk aufgebracht im tausend einhundert und neunzigsten Jahr, damit er die Stadt Lübeck hat können einnehmen (Im Jahre irrt sich Angel, da nach der Steterb. Chronik diese Begebenheit sich erst 1191—1192 zutrug). Indem nun solches geschehen, hat sich Graf Adolf von Holstein mit Kriegsvolk auch gefaßt gemacht, dasselbe jenseits der Zwinge im Lande Kehbingen, gebracht, und da so sehr herum gewütet mit brennen und verwüsten, daß auch die Bürger zu Staden, (bekanntlich bestanden Conrad's von Rhoden Truppen nur hauptsächlich aus Stader Bürgern, [siehe C. W. Böttiger], willens gewesen, ehe sie wollten Schaden erleiden, ihm die Stadt aufzugeben. Was geschiehet, da solches Conrad von Roden, so von Herzog Heinrichs wegen, die Stadt (wie zuvor gesaget) verwehrete, erfahret, läßt er seine Pferde satteln, saget von seinen Anschlägen niemandes, sondern wendet

Der Artikel in Zedler's Univ.-Lex., auf den auch der Domherr Ascan von Rhoeden sich beruft, meint nun, daß Conrad von Roden sich bald auf seine Flucht nach Pommern begeben und dort die beiden Güter Runow nnd Winningen an sich gebracht. Dies ist aber gänzlich aus der Luft gegriffen, wie man auch später sehen wird. Vor dem Jahre 1235 ist überhaupt kein deutscher Adel in Pommern

---

was anders für, bestihlet den Bürgern die Stadt, die so das Schloß innen haben finden sich auch herbey, dingen ihr Leben, Weiberschmuck und Vorrath aus, und gaben das Schleß auff. Also ließ Graf Adolf des Hauptmanns Conrads von Roden Weib, mit allem ihren Geräthe sicher und frey davon ziehen, die sich darauf wohl hatte begrafet." —

Ebenso, nur ausführlicher erzählt Kranz die Begebenheit folgendermaßen: „Graf-Adolf der die von den gefangenen Stadischen Bürgern, empfangene Zusage in kein Vergessen gestellet, hengete dem Glück als einem Führer nach, und wie er sich zu Hamburg auf das stärkste gerüstet zog er nach dem Georgswerder donnen fuhr er mit allen Schiffen, die er zu wege bringen konnte auff der Zwinge hinauff und gab ihnen mit Feuer zu erkennen daß er da wäre. Dieses ersahen die Bürger. Der Hauptmann der Stadt Conradus von Rothen, welcher sich nichts feindliches befürchtet, und sowohl zum Kriege als zur Belagerung gar ungeschickt (unvorbereitet) war, hörete daß die Bürger jetzt nicht allein murreten, sondern öffentlich sich unnütz machten, daß sie hier bevoren ihre Bürger verloren, und deren noch viele gefangen lägen, so wohl auch, daß sie an Gelde ganz entblösset, und deswegen die Belagerung nicht könnten ausstehen, darauf sie berathschlageten sich dem Grafen zu ergeben. Deswegen setzte sich der Hauptmann auf sein Pferd, und gleichsam als wäre er etwas zu bestellen vorhabens, befahl er die Stadt den Bürgern zu vertheidigen, und ritte auf nimmermehr wiederkommen davon. Zur Stunde gingen die im Schlosse lagen mit den Bürgern heraus dem Grafen entgegen, und ergaben sich sammt der Stadt und allen den ihrigen in seine Gewalt.

Als nun der Graff in die Stadt eingezogen war, und des Hauptmanns Frau auf einem Wagen sitzen sah, gab er ihr Macht mit ihren Gütern hinzuziehen, wohin ihr gefällig. Unter solchen Schein hat sie und die ihrigen viel verrücket, daß der Graff, wenn er nach Kriegsrecht handeln wollen, mit guten Fug zu Belohnung seines Sieges hätte behalten können. —

eingewandert, und ich werde zeigen, daß Conrad von Roden oder
Röden zuerst noch der Belagerung und Uebergabe von Peine beigewohnt, worin er sich verbarg und gegen Herzog Heinrich den Jüngeren, Sohn Heinrichs d. L., kämpfte und nachdem Peine fiel, entkam,
während seine Mitkämpfer Graf Ludolf von Peine und Eckbert von
Wolfenbüttel in lebenslängliche Gefangenschaft geriethen, die, wenn
nicht der Tod, auch ihm bevorstand.

In den annales Steterburgenses (siehe Seite 226 v. Jahre
1191 — 92) geschrieben von dem Steterburger Probst Gerhardus,
einem Zeitgenossen und Theilnehmer der Leifferder Fehde 1191 und
1192, welcher die Friedensverhandlungen zwischen den aufrührerischen
Edelleuten und Bischöfen mit Heinrich dem Löwen in dem Vertrage
zu Steterburg abschloß, mit Ausnahme des Ludolf von Peine und
Eckbert von Wolfenbüttel, mit denen der Herzog sich nicht vergleichen
wollte, sondern mit seiner Rache verfolgte, ist nämlich die folgende
Stelle zu finden: „Ipso tempore castrum Ludolfi de
Peina, qui, avunculi sui exemplo de via devotus,
Conradum de Rothen, in sui porniciem, sibi asciverat,
altera die capitur, incenditur, et equatur.‟

Im Deutschen: „Zu derselben Zeit wurde die Burg
des Ludolf von Peine, welcher dem Beispiele seines
Oheims auf Abwegen folgend, den Conrad von Roden
zu seinem Verderben zu Hülfe gerufen hatte, andern
Tages eingenommen, verbrannt und dem Erdboden
gleich gemacht.‟ (Der Oheim war Eckbert von Wolfenbüttel,
der, nachdem dasselbe ebenfalls belagert und zerstört war, zu Ludolf
nach Peine geflüchtet war, um mit ihm und Conrad von Roden in
Gemeinschaft Peine zu vertheidigen. Die Steterburger Chronik sagt
ferner: Die aufrührerischen Edlen wären zum Theil gefangen, zum
Theil vertrieben. Dieses letztere Schicksal traf Conrad von Roden,

da Ludolf und Eckbert lebenslänglich gefangen gehalten wurden,
daher das „in sui perniciem" sich nur auf Conrad's Ver-
treibung beziehen kann, weil er nicht getödtet wurde und von der
Zeit an nicht mehr genannt wird. Heinrich der Löwe verweigerte
ihnen die Amnestie, weßhalb sich diese drei bis zuletzt vertheidigten,
während die übrigen Feinde des Herzogs schon zu Steterburg den
Frieden abgeschlossen hatten. (Siehe Böttigers Gesch. H. d. L.)

Diese Stelle der Chronik findet Dr. Böttiger völlig dunkel in
Bezug auf Conrad von Roden's früheres Verhältniß zum Herzog.
Er sagt hierüber in einer Note: „Völlig dunkel ist aber der Um-
stand, daß auch Conrad von Rhode, des Herzogs Befehlshaber zu
Stade, mit unter den Abtrünnigen genannt wird." [1]

Sie ist auch nicht zu enträthseln, wenn man annimmt, daß
dieser Conrad von Roden dieselbe Persönlichkeit des comes Conrad's
von Roden, des langjährigen Freundes Heinrichs, ist, dessen nur in
dieser Eigenschaft stets Erwähnung geschieht, und welcher schon 1160
als Zeuge des Herzoges bei der Renovation des Bisthums Schwerin
mit ihm erscheint. Dieser Graf Conrad I. von Lauenrode war
aber schon am 23. September 1191 [2] gestorben, während die Uebergabe von Stade und die Erstürmung von Peine 1192 [3] vorfielen,
und sein Sohn Conrad II. stand mit dem Herzog in ununter-
brochener, von seinem Vater auf ihn vererbter und übergegangener
Freundschaft bis zu des Herzogs Tode. Ueberdies schlug Graf
Conrad II. von Roden die Belagerung Hannovers durch Kaiser
Heinrich VI., nachdem dieser durch Herzog Heinrich den Jüngeren vor
Braunschweig zurückgeschlagen war, in demselben Jahre 1192, wo

---

[1] v. Hodenberg Calenb. Urkundenbuch.
[2] Siehe Böttigers Gesch. Heinrichs des Löwen.
[3] Der wörtliche Auszug aus Böttigers Geschichte Herzog Heinrichs des
Löwen befindet sich am Schlusse dieses Abschnittes.

die Leifferder Fehde und die Zerstörung von Peine stattfanden, ab, und der Kaiser mußte abziehen. (Siehe Botho's Chronik.)

Es mußte also noch einen **dritten** Conrad von Roden geben, und dies wird auch von den neueren Geschichtsforschern, welche sich mit dieser, für die Geschichte selbst im Ganzen genommenen Nebenfrage beschäftigen, als gänzlich zweifellos angenommen. Es ist auch auffallend, daß der Stader und Peiner Conrad bei keinem der alten und neueren historischen Schriftstellern als comes oder Graf bezeichnet, obgleich hier und da als zur Lauenroder Linie gehörend genannt wird. Auch Mushard sagt in seinem Artikel „Ueber die Roden (im Bremischen, welche im 17. Jahrh. ausstarben und 3 Ringe im Wappen führten.)“: „Doch ist selbiges Geschlecht wohl zu unterscheiden von der gräflichen Familia gleichen Namens, welche zu Lauenroda bei Hannover ihren Sitz hatten, und zu welcher gehöret Conradus de Rothe, dessen in der Geschichte Henriod Leonis gedacht wird.“

Das Grafengeschlecht kommt meistens und zuerst unter dem Namen Roden und Rode vor, aber auch häufig unter den Namen Rothe, Rothen, nur sehr wenig als Robin, Rodenh', Rodbhen. (Siehe v. Hodenberg's Hoyaer Urkundenbuch. Alphabetisches Personenregister Seite 351 und 352.)

Zur Zeit Heinrich's des Löwen war das Geschlecht auf dem Gipfel der höchsten Blüthe und in seinen Mitgliedern zahlreich vertreten. Es theilte sich damals in zwei Hauptlinien, die Lauenröder, welche die älteste, und die Wunstorfer, welche die jüngere war. Die Lauenröder saßen auf Lauenrode, Limmer, Linden und Velber und außerdem auf der Burg bei Hainholz und Herrenhausen. Sie nannten sich im Allgemeinen Roden, aber auch nach ihrem zeitigen Sitz de Velber, de Lindhen, und die Jüngeren der Familie kommen sehr häufig ohne die Benennung comes urkundlich vor. Es ist überhaupt anzunehmen, daß jüngere Linien bei dieser zahl

reichen Familie existirten, deren Söhne weder in Dotations-
oder Verkaufsurkunden erwähnt sind, oder daß solche Urkunden verloren gegangen sind.¹) Es ist ferner anzunehmen, daß unser Conrad
von Roden aus einer dieser Seitenlinien stammte, da es nicht denk-
bar ist, daß der Herzog einen Ministerialen zum Heerführer und

---

¹) In Wilhelm Görges „Vaterländischen Denkwürdigkeiten der Herzelt von
Braunschweig und Hannover" (Braunschweig 1813) finden wir das nachfolgende
Erwähnungswerthe.

Band II., S. 151, unter der Rubrik Hannover:

1. „Dort bauten sich nach und nach mehrere Familien an. Unter ihnen
   war bereits seit dem 9. Jahrh. eine durch Macht und Reichthum
   ausgezeichnet, welche bald durch die Gunst des Schicksals über ihre
   früheren Mitbürger emporgehoben sich zu einer Dynasten-Familie
   aufschwang. Vielleicht war durch sie zuerst die Gegend urbar gemacht und der Wald durch Ausroden gelichtet, deshalb nannte man
   sie die Roden. Der Hauptsitz dieser Familie war Lauenrode. Sie
   nannten sich auch zum Unterschiede von andern zu Linden,
   Limmer und Herrenhausen wohnenden Linien ihres Geschlechts
   Grafen von Lauenrode."

Band III., S. 291, unter der Rubrik Wunstorf:

2. „Die Familie der Rhoden war der Stamm der Grafen von Wunstorf,
   Lauenrode und Limmer. Die Rhoden hatten ihr Herrenhaus da,
   wo jetzt der Fürstenhof steht, und damals entstand die Burg Lauenrode. Der erste bekannte Graf von Wunstorf hieß Dietrich. Er
   lebte um 930 und nahm Theil an der Schlacht von Merseburg wider
   die wilden Ungarn. Friedrich, Graf von Wunstorf, welcher 935 an
   dem Turniere zu Magdeburg Theil nahm, war wahrscheinlich ein
   Sohn Dietrichs.

3. „Zweige der Rhoden wohnten zu Linden und wahrscheinlich auch auf
   der Burg bei Hainholz. Ein Hoyer (Hoyerus de Ripen, Ram.
   v. R.) von derselben Familie baute sich einen Sitz bei der Burg,
   und so entstand Herrenhausen.

4. „Zwar finden sich noch Lauenröder Grafen bis 1223 auf der Burg
   Lauenrode, allein seit 1276 ist die letzte Spur der Lauenröder Dy-
   nasten dort verschwunden.

5. „Die Grafen von Wunstorf führten in ihrem Wappen ein weißes
   Schild mit rothen Balken und hierauf einen rothen Löwen. Das
   Wappen der Gr. v. Lauenrode, außer daß der rothe Löwe mit Gold
   gekrönt, war dasselbe.

Statthalter seiner damals wichtigsten Festung, welche zuletzt Stade war, außer dem Kreise der Edlen genommen haben sollte.

Das Wappen beider Hauptlinien der Lauenröder wie der Munstorfer war bei ersterer 4 rothe Balken im weißen Schilde, bei der zweiten 3 rothe im weißen Schilde, mit einem reißenden Löwen über oder auf den Balken. (Siehe Rehtmeyer's Chronik-Abbildung.) Das Wappen der Rhoeden ist noch heute 3 rothe Balken im weißen Schilde, auf den Balken Weinblätter als Arabesken, welche im 15. Jahrh. durch Ansum (s. diesen später) auf die Balken kamen.[1]

Zur Zeit Heinrich's des Löwen wurde es unter dem Adel vielfach Gebrauch, den Löwen mit in das Wappen zu nehmen und es dadurch zu vermehren, wozu der Herzog das Beispiel gab. Bis dahin kann man annehmen, daß die Roden nur den einfach quergebalkten Schild führten.

Wenn man nun zugeben muß, daß erstens wohl schwerlich Herzog Heinrich der Löwe einen Ministerialen zum Heerführer und Statthalter erwählte, sondern nur einen Edlen hierzu nahm, ferner der Name und das Stammwappen bis zum heutigen Tage dieselben sind, ferner, daß Conrad durch seine unverschuldete Uebergabe von Stade den letzten Stützpunkt des Herzogs und dadurch, wie Böttiger sagt, „den ersten und wichtigsten seines ganzen Lebens", durch dessen Verlust sein Reich in Trümmer fiel, preisgeben mußte, und dadurch des Herzogs Versuch, seine frühere Macht zurück zu erhalten, unwiederbringlich scheiterte, Conrad dadurch dem grimmigsten Hasse und der eifrigsten Verfolgung Heinrich's bei dessen bekanntem Character anheimfiel, sich, um augenblickliche Sicherheit zu erlangen, nach Peine warf, sich dort für Leben und Freiheit schlug und nachdem auch dieses fiel, sich zu dem Bischof Dietrich von Halberstadt flüchtete, wenn man, wiederhole ich, Alles dieses mit den ununterbrochenen,

---

[1] Siehe die hinten befindliche Wappentafel.

mündlichen und schriftlichen Traditionen der Familie zusammenbringt, dabei die schriftlichen Familien-Nachrichten, die alles dies bestätigenden Aussagen der ältesten Historiker wie die annales Steterburgenses, Dankwerth, Spangenberg, Angel, Kranz u. s. w. nicht aus den Augen läßt, so kann man nicht zweifeln, daß dieser Conrad von Roden oder Röden, der Stammvater der heutigen Rhoeden, zu demselben Geschlechte gehörte, welches auf Lauenrode, Wunstorf, Linden, Limmer, Velber, Herrenhausen u. s. w. in vielen Mitgliedern vertreten saß. Dadurch, daß er Schutz fand bei dem Bischof Dietrich von Halberstadt (dem Nachfolger des Bischof's Ulrich, „Heinrich's größtem Feinde" wie Böttiger sagt), der nebst Bischof Berno von Hildesheim und dem Abte Wittekind von Corvey der Erste war, welcher 1191 bei der Rückkunft Heinrich's von England die Waffen gegen ihn ergriff und das feste Lager bei Leifferde bezog und von dort „alles Land" verwüstete, war er vollkommen gesichert und der Rache des Herzogs entzogen. Dietrich nahm sich des Verfolgten gerne an, um ihn der Rache des Mannes zu entziehen, welcher gegen Halberstadt im Jahre 1179 so grausam gewüthet, die dortigen Kirchen und Klöster verbrannt und theilweise die Geistlichkeit mit Feuer und Schwert vernichtet hatte, und gab dem Conrad von Roden eine gesicherte Zukunft in seinen Landen.

Auszug

aus

Dr. Carl Wilhelm Böttichers Geschichte

Herzog Heinrich des Löwen.

(Von Seite 431 bis Seite 436.)

Vom Jahre 1191 bis 1192.

1191. So lange aber, bis der Kayser (Heinrich VI. Sohn des Barbarossa), selbst, den die Hinterlassenschaft Welfs und seines Bruders in Schwaben beschäftigte, ein Heer zusammenziehen, und damit nach Sachsen kommen konnte, hatten Heinrichs des Löwen Feinde keine Lust zu warten. Der neue Bischoff Berno von Hildesheim, Dietrich von Halberstadt, der Abt Wittekind von Corvey, und mehrere Andere zogen Truppen zusammen, und setzten sich am

1192. 11. Junius 1192 bey Leifferde unweit Braunschweig in einem wohl verschanzten Lager fest. Von hier aus verwüsteten sie die ganze umliegende Gegend, jagten und zechten, vernichteten boshaft alle Früchte auf dem Felde, in allem einer Räuberbande ähnlich, nur darin nicht, daß bey ihnen weder Befehl noch Gehorsam war. Um Brod verkaufte damals das Kloster Steterburg, seine Teppige und Glocken. Wölfe und Hunde, Geyer und Raben, waren ihre Nachzügler und fanden reichliche Beute. Keine kriegerische That wurde verrichtet, sie wollten bis zu der immer verzögerten Ankunft des Kaisers warten. Endlich vom Kaiser getäuscht, unfähig selbst etwas auszurichten, baten sie den Probst Gerhard von Steterburg, einen Frieden zwischen ihnen und dem Herzog zu vermitteln, der auch am 18. August bis zum Michaelisfeste zu Stande kam. Vogt Ludolf aber, der nicht mit eingeschlossen war, setzte von Dalem aus mit Eckbert von Wolfenbüttel, die Verwüstung des offenen Landes fort, bis endlich durch den jüngeren Heinrich, einem Helden gleich seinem Vater, Bernhard von Welpe, und andre treue Anhänger des Herzogs ihre Zufluchtsorte Wenden, Wolfenbüttel und Peine erstürmt und sie selbst zum Theil gefangen, zum Theil vertrieben wurden.[1]

Gefährlicher noch als diese geistlichen Herren war ein anderer Gegner Heinrichs, Graf Adolf von Holstein, der auf die zu Tyrus erhaltene Nachricht von des Herzogs Rückkehr und der Wegnahme seiner Länder eilig aufgebrochen und wahrscheinlich am Ende des vorigen oder am Anfange dieses Jahres nach Deutschland zurückgekommen war. In Schwaben traf er den Kayser, der ihm die besten Aussichten zur Wiedererlangung seiner Länder und große Versprechungen machte. Zu Schauenburg bemerkte er aber,

---

[1] Ich trage kein Bedenken, dies in's Jahr 1192 zu setzen, obwohl die Chron. Steterburg, welche diese ganze Fehde noch weitläufiger erzählt, das Jahr 1191 (mit Ziffern) angiebt. Der Kaiser kam am Ende des Jahres 1191 nach Deutschland. Sie konnten also erst im folgenden Jahre auf Hülfe von ihm rechnen. Völlig dunkel ist aber der Umstand, daß auch Conrad von Rhoden, des Herzogs Befehlshaber zu Stade mit unter den Abtrünnigen genannt wird. (Siehe Seite 9.)

daß von hier aus ihm jeder Zugang zu Holstein ver-
schlossen sey, da Stade, Lauenburg, Schwerin und Boizen-
burg in Heinrich's Händen waren, sowie er auch von Sla-
vien aus Heinrich's Schwiegersohn Borwin zu fürchten
haben würde. Er wendete sich also an den Herzog Bernhard und dessen Neffen den jungen Markgrafen von Brandenburg, die ihn nun mit gewaffneter Hand nach Artlenburg
begleiteten. Hier empfingen ihn seine Mutter und Ge-
malin, auch Adolf von Dassel mit den Holsteinern und
Stormarn. Zu ihnen schlug sich auch Bernhard's von
Raßeburg's gleichnamiger Sohn, dem einst der Herzog
selbst zum Rücktritt aus dem geistlichen Stande Erlaubnis
gegeben und ausgewirkt hatte. Den Undankbaren trieb
jetzt die Furcht sein Land zu verlieren, zu des Herzogs
Feinden, während der Vater dem alten Herrn die alte
Treue hielt. Jetzt kehrte Bernhard mit seinem Neffen um,
Graf Adolf aber drang mit seinem Anhange nach Lübeck
vor und schloß es ein; ja er verrammelte sogar um es
ganz zu schließen die Trave mit großen Balken, und schnitt
so der Stadt die Zufuhr auf dem Wasser ab. Doch noch
entsank den Lübeckern und ihrem Befehlshaber Burchhard
keinesweges der Muth. Sie hofften auf baldigen Ersatz
vom Herzog Heinrich. — Dieser, wahrscheinlich eben damals
von jenen geistlichen Fürsten angefallen, ließ unter Conrad
von Rothe und dem älteren Bernhard von Raßeburg
ein Heer bei Lauenburg heimlich über die Elbe gehen,
welches bey Horneburg unweit Lübeck, des jüngeren Bernhard's Leute zurückschlug, und sich dann als Verstärkung
nach Lübeck warf. Die Bürger plünderten das Lager der
Geschlagenen, und brachten so viel neuen Vorrath in die
Stadt hinein. Unglücklicher lief ein Ausfall am folgenden

Tage gegen Adolf's Leute auf der andern Seite ab. Er wurde in die Stadt zurückgeschlagen, obgleich Graf Adolf selbst zu Siegeberg krank darniederlag. Dadurch ermuthigt kehrte nun Bernhard zurück. Des Herzogs Leute aber fanden gerathener sich aus der Stadt herauszuziehen, wurden aber von Bernhard verfolgt und bey Boitzenburg an der Elbe geschlagen. Die Freude darüber gab Adolf seine Kräfte wieder, und er suchte sein Glück weiter zu verfolgen. Schon hatte er alle in dem Treffen gefangene Krieger Heinrich's, die aus Stade gebürtig waren, an sich gekauft und sie gegen geringes Lösegeld schnell in Freyheit gesetzt. Dafür versprachen sie ihm zum Besitz von Stade nach Kräften behülflich zu seyn. Er sammelte also zu Hamburg Truppen, besetzte die Elbinsel Griesenwerder, nahm hier so viel Schiffe als er nur bekommen konnte und landete in der Nähe von Stade. Eben betrauerte man hier die in der Schlacht gefallenen oder gefangenen Mitbürger, als man mit Schrecken Adolf's Nähe erfuhr. Die Feuerzeichen brennender Weiler am entgegengesetzten Ufer kündigten ihn an. Ohnehin gegen den Herzog als Ursache jenes Unglücks aufgebracht, entschloß man sich bald lieber dem Grafen, von dem doch die Gefangenen zurückzuerhalten wären, freywillig sich zu übergeben. Conrad von Rothen merkte die Stimmung der Bürger und begab sich unter dem Vorwande nöthiger Geschäfte aus dem Platze weg, der sich sogleich dem Grafen übergab. — So ging die erste Erwerbung Heinrich's nach seiner Rückkehr, vielleicht auch die erste seines Lebens wieder verloren.

Zweiter Abschnitt.

Cap. I.

So begab sich nun Conrad von Roden mit dem Bischof Dietrich von Halberstadt nach Halberstadt, gab seine Güter in der Heimath auf, nahm andere von der Halberstädter Kirche zu Lehen, gründete darauf das Dorf, welchem er seinen Namen Rhoden gab, und behielt nur diesen und das einfache Wappenschild seines Hauses, entfernte daraus das Sinnbild des Mannes, welcher ihn in's Verderben gestürzt, und trat mit seinen Söhnen in die Reihe der Ministerialen der Kirche.

Das Dorf Rhoden liegt noch heute zwischen den Städten Osterwick und Horneburg. Die Rhoden hatten darüber die advocatia und den Zehnten (siehe das Halberstädter Lehnsregister vom Jahre 1311), und außerdem bekamen später noch andere Geschlechter dort Lehen von der Halberstädter Kirche: die Grafen von Slaben, die Edlen von Hesmen, Johannes von Berwinkel, Adrian und Hinrik von Adenstede und Olricus und Ludolfus Bages.

Hier saß das Geschlecht bis 1311, wo die Großsöhne Conrad's I. des Vertriebenen, Bonifacius und Conrad von Roden, in dem Halberstädtischen Lehnsregister vorkommen. Der edele man Conrad II. von Roden erscheint 1303 neben ahnleff von Wedeln und hennink und Frederik geheiten von Alvensleve als Zeuge in einer Perleberger Urkunde vom Jahre 1303.

Von diesem Zeitpunkte beginnt die Geschichte der Familie in

der Neumark und Pommern mit dem vir nobilis Conrad von Roden. Um hiervon nun einen allgemeinen Ueberblick zu geben, folgt hier die Schrift: „Das erste Auftreten der Familie von Rhoeden in der Mark und Pommern" vom Archivar von Pommern, Dr. Klempin. Stettin 1861, März 12. (Siehe das folgende Capitel II.)

Cap. II.

Erstes Auftreten der Familie von Rhoeden in der Mark und Pommern.

Die Einwanderung der deutschen Rittergeschlechter in Pommern begann mit dem Jahr 1235. Sie kamen aus Westphalen, Holstein, Hannover, Braunschweig, Thüringen und natürlich aus den dazwischen liegenden Ländern der Mark und Mekelnburg. In der Gegend von Stettin und Stargard siedelten sich besonders Familien der Altmark und Braunschweig's an, die bereits in den angrenzenden Provinzen der Uckermark und Neumark Fuß gefaßt hatten. Bei vielen dieser Geschlechter läßt sich der Weg ihrer Einwanderung urkundlich noch verfolgen. So traten z. B. die von Eickstedt zuerst im Mansfeld'schen, dann in der Altmark, Mitte des 13. Jahrhunderts, in der Priegnitz und dem angrenzenden Mekelnburg, Ende desselben endlich in der Uckermark und in Pommern auf, überall die Spuren ihres Daseins durch Gründung gleichnamiger Orte hinterlassend. Zu diesen schrittweise vorrückenden Geschlechtern gehört auch die Familie von Rhoeden. Ich muß es den Nachforschungen in den Braunschweig Hannoverschen Urkunden, (denn dahin verweist der Name Rhoden, der ein Ortsname ist, als solcher und in jenen Gegenden, nicht aber in der Mark und Pommern vorkommt, und das Dorf Rhoden bei Osterwiek, den Namen von dem Geschlechte erhal-

2*

ten hat), überlaſſen, den Urſprung und das erſte Erſcheinen deſſelben zu verfolgen. Seit 1303 tritt ſie aber in der Märkiſch Pommerſchen Geſchichte ſchon ſicher hervor. In dieſem Jahre (Riedel A. I., p. 126—27) ertheilten die Markgrafen den Gewandſchneidern der Stadt Perleberg ein Privilegium, bezeugt durch die edelen menne und Ritter Conrad von Rhoden und Ahnleſſ von Wedel. Ahnleſſ iſt verſchrieben für Zales, den wir bis 1305 kennen. Er war einer der ſechs Brüder von Wedel, die c. 1269 aus Holſtein einwandernd, ſich in der Neumark niederließen und in Pommark ſo wie auch der Uckermark Beſitzungen erwarben. Das Zuſammenvorkommen des Conrad von Roden und des Zales von Wedel iſt bedeutungsvoll, da beide Familien ſpäter benachbart waren, und die Rhoeden ſogar Runow und Winningen von den Wedels zu Lehen beſaßen. Zales von Wedel war ſchon alt und ſtarb zwiſchen 1305 und 1309. Es muß alſo auch Conrad von Rhoden, der vor ihm genannt iſt, bereits bejahrt geweſen ſein. Aber vielleicht war er es noch ſelbſt, der 1311 mit dem halben Schloß Tempelburg, das bei den Wedelſchen Beſitzungen von Mellen, Falkenburg und Callies belegen, den Tempelherren gehört hatte, und von ihnen gegründet und benannt war, nach der Aufhebung dieſes Ritterordens und der Einziehung ihrer Güter, belehnt wurde. Gewöhnlich wurden ſolche Gnadenlehn vorzugsweiſe den Räthen der Fürſten zu Theil, und als ſolchen finden wir ihn ja im Gefolge der Markgrafen. Gewiß iſt es aber, daß ſein Sohn Hermann Rhoden die Hälfte des Schloſſes Tempelburg beſaß. Im Jahre 1321 wird dieſer Hermann Rhoden zuerſt urkundlich, und unter den Vaſallen der Neumark und Uckermark genannt, die ſich mit dem Herzog Wratislaf IV. von Pommern gegen den Baiernherzog, der, nach dem Ausſterben des Ascaniſchen Hauſes, die Mark in Beſitz nahm, verbündet hatten. In dieſer Fehde hatte der Ritter Ludovicus Coldemanz und ſein Sohn nebſt dem Ritter (Hermann) Roeden und dem Ritter Jerſow (Riedel

Bd. I. p. 475) zusammen einen Verlust von 15½ Talenten erlitten, zu dessen Deckung sie das Ritterpferd des Jersow verkauften. Wahrscheinlich saßen sie damals benachbart und dienten gemeinschaftlich für dasselbe Lehn. Den Ritter Jersow kennen wir weiter nicht. Die Familie Coldemanz ist aber für Pommern deßhalb wichtig, weil sie sich später bei Greiffenberg in Pommern ansiedelte, wo der gleichnamige Ort Coldemanz noch heute von ihrem ehemaligen Dasein Zeugniß ablegt. Vor dem Jahre 1334 hatte Hermanus, dictus Rhoden seine Hälfte von Tempelburg schon an den Ritter Ludolfus de Massow verkauft, der sie, so wie die andere Hälfte von Tempelburg, welche die Familie von Verbecke besessen hatte, an den Camminer Bischof, Friedrich Graf von Eickstedt in jenem Jahre wieder verkaufte[1]. Die Familie von Verbecke finden wir auch später noch in jener Gegend bei Schiefelbein neben der Familie von Lekow, mit der sie ohne stammverwandt zu sein gleiches Wappen führte. Hermann v. Rhoeden muß sich aber zunächst wieder mehr nach Westen gewandt haben, in die Gegend von Lippehne. Er geräth hier mit dem Bischof von Cammin in Fehde, in Folge deren er das Stiftsdorf Lettenin verwüstete, ihm aber seine Kemmenade (steineres Haus) niedergebrannt wurde. Er selbst kam in dem Kampfe um, und seine Söhne schlossen unter Vermittelung der Markgrafen und der Familie von Wedel Frieden und beschworen die Urfehde 1340. (Siehe die Urkunde). Die Urkunde ist leider nur als Fragment aufbehalten, und auch die Vornamen der Söhne des Hermann Roeden fehlen darin. So viel läßt sich aber daraus ersehen, daß sie Neumärkische Vasallen waren, und ihr Wohnsitz in der Gegend von Lippehne gelegen haben muß, da Lettenin ein Pommersches Dorf ist, dicht an der neumärkischen Grenze zwischen Pyritz und Lippehne. Die Söhne des Hermann Rhoden kommen

---

[1] Siehe die Urkunde.

nicht weiter urkundlich vor,[1]) aber deren Söhne Duser und Johannes Rhoden, fungierten 1374 zu Stargard als Zeugen, als die Wedels zu Mellen und Cremsow dem Augustiner Kloster zu Stargard ein Viertel des Dorfes Dalow vereigneten. (Siehe die betr. Urkunde). Aus dieser Zeugenschaft läßt sich annehmen, daß sie damals bereits Nunow als Afterlehn von den Wedels genommen hatten. Nunow liegt zwischen der Stadt Wangerin, Lehenbesitz der Familie Borke und dem Wedelschen Dorfe Mellen. Neben Duser und Johannes Roden kommt auch Hinricus Borke vor.

Was nun das Afterlehenverhältniß betrifft, so gingen die Rhoeden allerdings für Nunow und Winningen von den Wedels zu Lehen, aber auch die edelsten Geschlechter besaßen zum Theil Afterlehn, ohne daß für sie eine geringere Geltung daraus erfolgte. So besaß z. B. eine Linie des mächtigen und angesehenen Geschlechtes von Borke und noch dazu die älteste Linie ebenfalls von den Wedels das Dorf Brallentin zu Lehen. —

----

[1]) In den Familienpapieren nur einer, Conrad, der Vater des Duser. (Siehe diesen später.) v. R.

Der urkundliche Stammbaum der von Rhoeden nach ihrem ersten Erscheinen in der Neumark und Pommern stellt sich darnach folgender Art.

Abstammung vor dem Jahre 1280 in Braunschweig-Lüneburg.

Generations-
Nexus:

1280 **Conradus de Roden,** vir nobilis, 1303,
Zeuge für Perleberg, erwirbt Tempelburg 1311.

1310 **Hermanus Roede,** dictus Roden,
1321 † 1340
besitzt halb Tempelburg, verkauft vor 1334
Güter bei Lippehne in der Neumark.

1340 **Söhne des Hermann Roeden,**[1]
bei Lippehne.

1370 **Duser Roben,**[2]   **Johannes Roden,**
zu Runow   zu Runow
1374.   1374.

1400 **Ansum von Rhoeden.**   (Siehe später.)

Stettin, 1861, März 12.

gez: **Der Provinzial-Archivar von Pommern.**
Dr. Klempin.

---

[1] Nach den Familien-Nachrichten hieß der Stammhalter Conrad und seine Frau war eine geb. v. Horst.

v. R. Bemerkung.

[2] Mit Duser beginnen die regulären, beschworenen, und gerichtlich beglaubigten Stammbäume der Familie, z. B. bei Aufnahme des Domherrn Ascan v. Rhoeden, und der Frl. Charlotte Sophie v. Rhoeden im adlichen Stift zu Herford.

Cap. II.

(Der besseren Uebersicht wegen lasse ich nun gleich die directe Stammtafel von Conrad I. von Roden 1132 bis zur Jetztzeit folgen.

Ich bemerke nur noch dabei, daß ich nur das Jahr des Vorkommens der darin befindlichen Persönlichkeiten im Allgemeinen angeben werde.)

Directe Stammtafel des Rhoedenschen Geschlechts, vom Jahre 1192 bis heute.

Generations-Nexus:

1192 1. **Conrad I.** von Roden, Rothen, Roeden (der Vertriebene), erscheint 1192 als verheirathet, gründet das Dorf Rhoden bei Osterwiek und ist der Stammvater der pommerschen und neumärkischen von Rhoeden.
(Urkundlich.)

1240 2. **Conrad II.** von Roden, Roeden auf Rhoden.
(Fam. Nachr.)

1280 3. **Conrad III.** von Roden, Roeden auf Rhoden, vir nobilis, Zeuge für Perleberg 1303, erwirbt Tempelburg 1311.
(Urkundlich.)

1310 4. **Hermann** von Rhoeden, kommt als Hermanus Rhoede, dictus Rode, miles, in den Kriegen von 1321 urkundlich vor, besitzt Tempelburg, verkauft vor 1334 Güter bei Lippehne in der Neumark und bleibt in einer Fehde mit dem Bischof von Cammin 1340.
(Urkundlich.)

1340   5. **Conrad IV.** von Rhoeden, Roden.

Dessen Gemahlin **von Horst.**

(Fam. Nachr.)

1369   6. **Dufer I.** von Rhoeden, Roden, mit dem die regulären Stammbäume bei Aufnahme in abliche Stifte und Klöster beginnen.

Dessen Gemahlin **Anna von Sanitz**, aus dem Hause Breitenstein und Falkenstein.

(Urkundlich.)

1424   7. **Ansum** von Rhoeden, Roden, miles, durch den das Wappen verändert wurde.

Dessen Gemahlin **Gertrut von Werben** oder **Werbno**, a. d. H. Salm in Polen.

(Fam. Nachr.)

1455   8. **Hans** oder Johannes von Rhoeden, Roden.

Dessen Gemahlin **Gertrut von Güntersberg**, a. d. H. Callies.

(Famil Nachr.)

1470   9. **Wuchibor** oder Wichborus von Rhoeden, Rhoden.

Dessen Gemahlin **Anna von Anclam**, a. d. H. Storven.

(Famil. Nachr.)

1523   10. **Dufer II.** von Rhoeden, Roden.

Dessen Gemahlin **Dorothea von Loeben**, a. d. H. Garchelin.

(Urkundlich.)

1561   11. **Caspar** von Rhoeden, Roden, Roedenn, Roede.

Dessen Gemahlin **Dorothea von Strauß**, a. d. H. Stolzenberg.

(Urkundlich.)

Generations
Nexus:

1620 12. **Georg** von Rhoeden, Rohbe, Roeden. Röde.
Dessen Gemahlin **Barbara von Yorke**, a. d. H.
Regenwalde, Labes und Wangerin.
(Urkundlich.)

1640 13. **Adam** von Rhoeden, der letzte seines Stammes, hatte
mit der dritten Frau 4 Söhne.
Dessen Gemahlin **Maria von Brandt**, a. d. H.
Hermsdorf und Blumenfelde.
(Fam. Nachr.)

1690 14. **Caspar Adam** von Rhoeden, Stammvater der
hannoverschen Linie.
Dessen Gemahlinnen: 1. v. **Stafshorst**, 2. v. **Lützow**.
(Famil. Nachr.)

1730 15. **August Friedrich** von Rhoeden.
Dessen Gemahlinnen: 1. v. **Meding**, 2. v. **Witzendorf**.
(Famil. Nachr.)

1780 16. **August Friedrich Ludwig** von Rhoeden.
Dessen Gemahlin **Juliane Freden**.
(Famil. Nachr.)

1808 17. **August Friedrich Georg Carl** von Rhoeden.
(Der Schreiber dieses.)
Dessen Gemahlin **Adolphine von Campe**, a. d. H.
Isenbüttel.

Dessen 4 Söhne:

1861 18. **Ascan, Robert, August** und **Casparadam** von
Rhoeden.

Um nach der Vorlegung dieser directen Stammtafel einen besseren
Ueberblick über die hannoversche Linie zu geben, um die es sich spä-
terhin hauptsächlich handelt, lasse ich auf den nachfolgenden Seiten
gleich den Stammbaum der Frl. Sophie Dorothee von Rhoeden,
späteren Frau v. Stafhorst, wie er bei ihrer Ernennung zur Stifts-
dame in Herford vorgelegen hat, folgen. (Siehe beifolgende Stammtafel.) Zugleich lasse ich hier die Abschrift der Denomination folgen:

„Von Gottesgnaden wier Charlotta Sophia in Lieff-
land, zu Curland und Senegallen Herzogin, des
Kayserl. freyadlichen Stiffts Herford Aebtissin, und des heil.
Römischen Reiches Fürstin,

„Uhrkunden und Bekennen hiermit für Uns und Unsre
nachkommen im obber. Stifft daß Wier auf ersuchen des wohl-
edlen August Friedrich von Rhoeden, Königl. Großbritannischen und churf. braunschweig-lüneb. Brigadier, demselben
vor seine Tochter Sophia Dorothea von Rhoeden die
erste Expectanz auff eine abliche praebende in unserm Stifft
auff dem Berge vor Herfordt in Gnaden ertheilet: Thun auch
solches hiermit dergestalt, und also, daß bey der ersten kommenden vacantz obged. Sophia Dorothea von Rhoeden, mit
einer praebende, in obged. Stifft auff dem Berge providieren
wollen, wie wier denn derselben gleich gegenwärtige Expectanz,
weil Wier ihr und den Ihrigen jederzeit mit Fürstlicher pro-
pension zugethan gewesen, aus besondern Gnaden schenken.
Sollte nun diese Expectanz und Begnadigung bey unsrer Regierung und Leben nicht mehr zum effect kommen, so ersuchen
wier die nachfolgenden Frauen Aebtissinnen Liebben, diese unsere
Expectanz, gleich wie wier, in dergl. Fällen gethan vermöge
Unsers Stiffts-observantz, und abteyl. Wahl-capitulation,
ebenmäßig zu honorieren und nach allen puncten und clauseln,
ohne entgelbt zu Vollenziehen. Urkundlich ist dieses, von Uns

eigenhennig unterschrieben, und mit Unsern Fürstl. Insiegel be-
stätiget worden. Sign. Verden, 1728 März 23.
m. p. Charlotta Sophia Herzogin.

(Insiegel.)

Expectantz vor die Fräulein
Sophia Dorothea von Rhoeden."

Cap. III.

Nach Vorlegung der directen Stammtafel des Geschlechtes vom
Jahre 1192 bis jetzt kann man nun auf die darin angeführten Vorfahren zurückgehen und in der Familiengeschichte weiter fortschreiten.
Hierin stütze ich mich theils auf die aus dem Stettiner Archiv er-
haltenen 10 Urkunden, begleitet mit den dankenswerthen Erläuterungen
des Doctor Klempin, theils auf die ausführlichen authentischen Be-
richte des sel. Domherrn Ascan von Rhoeden, welche er mit sehr
viel Sorgfalt abgefaßt hat.

Den Anfang macht unser erster Stammvater, welcher, um den
Verfolgungen Herzogs Heinrich des Löwen zu entgehen, im Jahre
1192 aus Peine entwich, Schutz bei dem Bischof Dietrich von Halberstadt suchte und fand, den Ort Roden gründete und dort blieb,
Conrad von Roden, Rothen, Roeden. Da nun fast der ganze erste
Abschnitt dieses Buches ausführlich ihn und seine Geschichte bespricht,
so gehe ich darüber an dieser Stelle hinweg und verweise nur auf
die darüber sprechenden und theilweise von mir angegebenen Quellen
aus den Chroniken, älteren und neueren Schriftstellern über die Zeit
Heinrichs des Löwen.

1. Conrad I. von Roden, Rothen, Roeden, der Vertriebene.

Er hinterläßt (nach den Fam.-Nachr.) 3 Söhne, wovon

nur der Stammhalter namhaft gemacht wird. 1192.
(Fam.-Nachr.) Dieser war:

1250.   2. **Conrad II.** von **Rhoeden**, **Roden**, und kommt nicht weiter
urkundlich vor. Hoffentlich ist es möglich, in dem Halberstädtischen Archiv etwas über ihn zu finden.

1280.   3. **Conrad III.** von **Rhoeden**, **Roden**, vir nobilis und
miles, kommt als Zenge in dem der Gewandschneider-Gilde
verliehenen Privilegium der Stadt Perleberg im Jahre 1303
vor und kauft wahrscheinlich noch selbst im Jahre 1311
Tempelburg, welches die Tempelritter gegründet hatten;
daß er ein Bruder des zu derselben Zeit in Rhoden vor-
kommenden Bonifacius, gen. Facius von Roden (Halberstädter Lehnsregister) war, scheint gewiß, da beide zusammen
die advocatia über Rhoden besaßen. (Siehe Urkunde I.)

1321,   4. **Hermanus** von **Rhoeden**, **Roede**, dictus **Roden**, miles,
✝ 1340.   kommt als solcher zwischen einigen hundert neumärkischen
und pommerschen Rittern vor, welche dem Herzoge Wra-
tislaw IV. von Pommern in dem Kriege gegen den Herzog
von Baiern nach Aussterben des Askanischen Hauses folgten.
(Urkunde II.)   Er verkaufte die halbe Stadt Tempelburg
nebst Schloß und Land an den Ritter Ludolfus de Massow
vor dem Jahre 1334, (Urkunde III.) und kaufte in diesem
Jahre Güter bei Lippehne. — In der Fehde, die er mit
dem Bischof von Cammin, Graf Friedrich von Eichstedt
hatte, wurde er getödtet.   In Folge dessen verwüsteten
seine Söhne das Stiftsdorf Lettenin, machten Gefangene
und nahmen alle Pferde in Beschlag, welche, nach der
durch Vermittelung der Markgrafen (wozu die Wedel's
halfen) gestifteten Sühne und geschworenen Urphede, die
Roeden wieder herausgaben, dahingegen der Bischof ihnen
wieder die zerstörte und verbrannte Burg in dem früheren

Zustande aufbauen lassen mußte. (Urkunde IV.) Leider ist dieses interessante Urkundenfragment, welches mir vorliegt, an der rechten Seite verwittert, so daß darin die Vornamen der Söhne nicht zu erkennen sind. Jedoch helfen hier die Familien-Nachrichten aus, da sie aus alten Stammtafeln den Namen des Stammhalters mit Conrad herausgefunden haben. Auch der Name der Frau ist darin gefunden. Sie war eine geb. von Horst.

1340. 5. **Conrad IV. von Rhoeden, Roden.** Dieser, welcher nicht weiter urkundlich erscheint, war der Vater des nachfolgenden Duser (Desiderius). Dieser Conrad nahm als Afterlehen von den Wedel's das Gut Runow in Besitz, welches bis 1750 in den Händen der Familie nebst dem benachbarten Winningen geblieben ist, wo diese Güter widerrechtlich und heimlich ohne Vorwissen der hiesigen Agnaten der hannoverschen Linie von dem unseligen sächsischen Obersten Theodor Ascan von Rhoeden, einem Sohne des Domherrn, eines Mannes, der so viel auf das Gedeihen seines Hauses hielt, an seine Schwägerin, Frau von Wedel geb. von Woetken, verkauft wurden, welche die Güter ihrem Großsohn Herrn von Mirbach vermachte.

1369. 6. **Duser I. von Rhoeden, Roden.** Seine Frau war Anna von Saniz. Mit ihm beginnen die regulären ununterbrochenen Stammbäume der Familie bei Aufnahme in adlige Stifte und Klöster. Es sind noch zwei beschworene Stammbäume, welche gerichtlich vidimirt sind, vorhanden, der eine vom Domherrn Ascan von Rhoeden im Stift Naumburg, der andere von der Frölen Sophie Charlotte von Rhoeden, (nachheriger Frau von Stafhorst) im abligen Stift zu Herford, der so eben vorgelegt war.

Duser und sein Bruder Johannes erscheinen als Zeugen

bei einer Wedelschen Vereigenung von einem Viertel, welches ihnen von den Schonebecken zu Dalow 1344 verkauft war, und welches sie an das Augustiner-Kloster zu Stargard gaben. Die Zeugen waren: Jacobus Sukow, Ludekinus de Lenzen, Nicolaus de Verstenfeld, Duser Roden, Johannes Roden, Hinricus Borke. (Urkunde V.)

1409. 7. **Ansum** von **Rhoeden, Roden, miles.** Seine Frau war Gertrut von Werben oder Werbna. Ueber diesen sprechen sich die Familien Nachrichten vom Jahre 1729 folgendermaßen aus:

„Ansum ist Anshelmus. Dieser verrichtete große Dinge zu Zeiten Suantibors, des Herzogs von Pommern, und ließ sich in den Kriegen, die der deutsche Ritterorden gegen die Polen mit Hülfe des Herzogs, führte, als Ritter und miles weiblich gebrauchen. Er ist eben derjenige, der gedachtem Herzog, als ihm das Casket entzwei gehauen worden, seine Sturmhaube mit vier Straußfedern geziert überreichet, nachdem er vorher den gefangenen Herzog losgehauen hatte, das oberste umgekehret, wie beim Abnehmen eines Hutes gewöhnlich unten kommt, durch welchen ein Pfeil gegangen, und eine Feder abgebogen, welcher umgekehrte und durch den Pfeil durchschossene Helm nachher zum Andenken auf das Wappen, statt der Krone gesetzet, nebst derer im Schilde vorhandenen Blumen, als damaligen besonderen Ehrenzeichen. Das Wappen dieses Ansums ist noch vor 60 Jahren[1]) (Mitte des 17. Jahrhunderts,) auf dem Rittersale

---

[1]) Dieser Auszug aus den Familienpapieren ist im Jahre 1718 vom Domherrn von Rhoeden geschrieben.

zu Königsberg in Preußen, und auf dem Rathhause zu Thoren von dem sel. Obersten Hans Christian von Rhoeden[1]) gesehen worden. —

So sagen die Familien Nachrichten. Es existiert aber außerdem die Tradition, daß er durch den Pfeil, welcher den Helm durchbohrt, getödtet wäre und das halte ich für factisch, gerade wegen der von seinem Sohne Hans auf das Wappenschild gebrachten Blumen oder Weinblätter. Sein Schild wurde bei dem Leichenbegängniß ihm mit Blumen bekränzt vorgetragen, sein durchschossener Helm ebenfalls, oder auf den Sarg gesetzt. Ich selbst habe noch einen alten Siegelabdruck, worin nicht allein das Blumenwerk auf den Balken, sondern unregelmäßig auf, und um den Schild liegt und hängt. Interessant und wichtig ist es aber hauptsächlich, weil hier klar daraus hervorgeht, daß bis 1409, das alte Roden sche Stammwappen, die 3 rothen Balken im weißen Schilde, ohne Arabesken in der neumärkischen und pommerschen Linie geführt und beibehalten war.[2])

Dieser Vorfall hat in der Schlacht bei Tannenberg 1409 stattgefunden, wo bekanntlich Prinz Casimir der Sohn des Herzogs Suantibor in polnische Gefangenschaft gerieth, und der Herzog selbst bald das Schicksal seines Sohnes getheilt hätte, wenn er nicht durch die Tapferkeit seiner Umgebung gerettet wäre. (Historisch.)

1450. 8. Hans von Rhoeden, Roden. Seine Frau war Gertrut von Güntersberg. Der Herzog Suantibor war gegen Ansum dankbar und gab ihm oder seinem Sohne

---

[1]) Dieser Oberst Hans Christian von Rhoeden lebte im Jahre 1650.
[2]) Siehe die Wappen № 9 u. 10.

Güter, welche wir hier bei diesem finden, da wir außer den schon im Besitz der Familie sich befindenden Nunow und Winningen noch Horst, Wolgast und Dickingen als hinzugekommen antreffen. Ueberdies war er unter Suantibor und seinem Nachfolger Casimir erster Rath in der Stettinischen Regierung. Die Fam. Nachr. sagen: „Er war ein Gelehrter, so zu der Zeit und weiter, sintemahlen unter dem Adel, vor eine rare Sache gehalten wurde."

1470. 9. **Wichborus**, oder **Wuckibor von Rhoeden, Roden.** Seine Frau war Anna von Anclam. „Er war ein Sohn des vorigen, ein wohlgedienter Kriegesheld, aufrichtigen und tapferen Gemüthes, ward aber auf der labischen Haide meuchelmörbrischer Weise von einem von Duggen(?) oder Duppen(?) und einem von Kosecke ermordet, worüber ganz Nunow an die Rhoeden kommen." — (Fam. Nachr.)

1523. 10. **Dufer II. von Rhoeden, Roden.** Seine Frau Dorothee von Loeben. „Ein heroischer und tapferer Held, dessen Schild und Helm noch zu Stargard in der St. Johannis Kirche, mit der Jahreszahl ist, wann er gelebet hat." — (Fam. Nachr.) (Urkunde V.)

1538. 11. **Caspar von Rhoeden, Roden, Roeden, Roedenn.** Seine Frau Dorothee von Strauß. Nach den Fam. Nachr. war er ein „tapferer redlicher Mann." — Mit ihm wird seit Hermann von Rhoeden (1321) der Name Rhoeden wieder constant, und kommt die Benennung Roden nur noch einmal bei seinem Sohne Georg oder Jürgen vor. Caspar kaufte das Gut Schellin von den Mellentinen, wovon der Lehnbrief vom 23. Januar 1538 von dem Herzog Barnim mir vorliegt. Er wird darin Jaspar Roedenn, Roede, und sein „Vatter" Duese Rhoede genannt. Zeugen waren: „Die Edlen, wohlgebornen, Wür-

3

digen, Ehrbaren und Hochgelartten, unsre Räthe und lieben getrewen, Georg Graf von Eberstein, unser
Hauptmhann zu Belgardt, Er Gottschalk vonn Vel-
tenn, Comptor zu Wildenbruch, Wulff Borcke zu Labeß, Jobst von Dewitz Hauptmann zu Wolgast, Rü-
diger Massow Hauptmann zum Labzigk, Bartholo-
mäus Schwane unser Canzler, Alexander von der
Osten, zur Woldenburgh gesessen, Balthasar vom
Wolde der rechte Doctor, Moritz Damitz Hauptmann
zu Wollien und Klinkepill der Rechtenn Licentiat. (Urk. VI.)

1560. 12. **Georg** von **Rhoeden, Rohde, Roeden, Röde.** Seine Frau
war **Barbara** von **Borke** — Labes. „Welcher (Fam.
Nachr.) dem Kayser in Ungarn als Obersten vom Jahr
1575 bis 1590 wider die Türken dienete, eine stattliche
Beute von mehr als 30,000 ℳ mitbrachte, seine Töchter
wohl verheyrathete, und mit seinen streitbaren Nachbaren
viele Händel hatte, daß zwey große Fürsten sich endlich
darein melierten, und sie vereinigten. Am Tage Martini
1599 errichtete er eine Stiftung zur Verbesserung des
Runow-Winningenschen Pfarrdienstes. Er erbaute auch
noch von Grund aus die Kirche zu Winningen, wo nie-
mals eine gewesen, und ließ die zu Runow inwendig kost-
bar auszieren. Er hatte drey Söhne, Tonnies, das ist
Anton, Adam und Dufer. Von diesen drey Söhnen
ging Anton in französische Kriegsdienste, und starb daselbst
ohne Erben, als Brigadier. Dufer ging an den Berlinischen Hof, stieg bis zum Kammerherrn, heyrathete daselbst
des Hofmarschalls von Hoben Tochter starb aber gleichfalls
ohne Erben, und hinterließ seinem Bruder **Adam** als
den einzigen, von diesem alten Stamm, und Erben derer
sämbtlichen Rhoedenschen Güter. — Es liegen 4 Urkun-

ben vor. 1.) Die Confirmation des Lehenbriefes von 1538 den 23. Januar d. d. 1564 Februar 21. unter Herzog Barnim. (Urk. VII.)

2.) Der Willebrief des Herzogs Johann Friedrich, über den Verkauf des Dorfes Schellin, nebst Belehnung des Joachim von Hagen. 1584 Dec. 5. (Urk. VIII.)

3.) Georg Rohbe zu Runow gesessen verkauft an Jochim von Hagen, seinem Oheim, zu Naulin gesessen seine zwey Bauernhöfe und fünf Hufen im Dorfe Schellin für 800 Reichsthaler 1584 Sept. 8. Er unterschreibt sich jürgen röbe, mit angehängtem Familiensiegel. (Urk. IX.)

4.) Die Dotationsurkunde für den Pfarrdienst zu Runow, wo er sich George Rhoede nennt. (Urk. X.)

Zeugen unter der Verkaufsurkunde von Schellin № 3 sind gewesen „die gestrengen und Ehrenvesten Jürgen Küssow fürstlicher frawenzimmerchen Stettinischer Hovemeister zu Klucken und Wolf von Holtzendorf zu Kutzeroge Erbgesessenen auf des Käufers Seiten, und auf des Verkäufers Seiten, Caspar und Hennink und Jochim gebrueder und gevettern die von Borken zu Brallentin und Borkenhagen Erbfassen. (Urkunden VII, VIII, IX, X.)

1610. 13. Adam von Rhoeden.[1] Seine Frau Marie von Brandt. „Er war der letzte seines Stammes und zeugete in seiner dritten Ehe mit Marie von Brandt fünf Söhne." (Fam.-Nachr.) Diese waren: 1) Duser Friedrich, 2) Georg Paul (starb), 3) Johann Anton, 4) Caspar Adam,[2] 5) Joachim Friedrich, starb ohne Erben vor dem Vater.

---

[1] Mit diesem beginnt die bis heute permanente Schreibart des Namens Rhoeden unter der Nachkommenschaft.

[2] Duser Friedrich war der Stifter der preußischen, Johann Anton der sächsischen und Caspar Adam der hannoverschen Linie.

Stifter der preußischen Linie.

1. Dieser Friedrich von Rhoeden heirathete Sophie Elisabeth von Weyher und zeugte mit ihr drei Söhne: 1) Adam Georg, 2) Hans Christian, 3) Caspar Friedrich (starb ohne Erben).

    a) Adam Georg, welcher 18 Jahre in fürstlich Lüneburgischen Diensten gestanden und als Major gestorben, und von seiner Gemahlin, einer von Löwenklau, fünf Töchter und vier Söhne hinterlassen, wovon die ersteren alle verheirathet sind, die Söhne aber, deren Namen Hans Nicolaus, Adam Friedrich, Caspar Ludwig und Carl Otto als Capitains und Lieutenants in Königl. preußischen Diensten bis dato (1720) stehen.

    b) Hans Christian, welcher bei der preußischen Cavallerie von unten auf gedient, und über 10 Jahr das Regiment Kronprinz als Obrister commandiert, und auf seinem Todbette das Patent als Generalmajor erhalten. Er hat 30 Campagnen und Bataillen beygewohnt, und sich in Brabant mit der Baronesse von Hanzler und Mödersheim aus einem großen Hause vermählet, von deren er zwey Söhne Johann Friedrich Wilhelm und Christian Joseph Leopold, dermals K. preußische Lieutenants und drey Töchter, so verheyrathet sind, hinterlassen, und

1696. c) Caspar Friedrich, welcher 1696 in Spandau mit dem Pferde stürzte, und als K. preußischer Lieutenant ohne Erben starb.

2. Georg Paul von Rhoeden, Adam's zweiter Sohn, ging in

[handschriftliche Randnotiz:] ...lich Wochenblatt 6. Apr 1870. alte v. Rangliste von 1711 v. Röhden als Verst d. Cavallerie den 11. März 1709 (Patent oder Avisement?)

schwedische Dienste, wurde Cammerjunker und Oberküchen-
meister, heirathete eine von Gordon und starb ohne Erben.

3. Johann Anton von Rhoeden, Adam's dritter Sohn und
Stifter der sächsischen Linie, heirathete Dorothee von
Sidow, nach deren Tode Dorothee Elisabeth von
Lützow, aus dem Hause Hülseburg und Eickhof, mit
welcher er zwei Söhne gezeugt, 1) Johann Ascan und
2) Adam, und durch die wegen gethanener großer Erb-
schaft von ihrem Bruder, dem Churfürstlich sächsischen
Cammerherrn und Obrist von den Ritterpferden Ascan
Claus von Lützow, an denen Rittergütern Zscheipliß
und Müncherode in Thüringen an der Unstrut, und Diesa
und Mangelsdorf in der Oberlausiß die Rhoeden nach
Ober-Sachsen gekommen sind. Inmaaßen deren ältester
Sohn Johann Ascan von Rhoeden, nach geendigten
Studien und Reisen in Holland, Brabant, Deutschland
und Italien, und nachdem er 1697 die Weimarschen Hof-
dienste als Cammerjunker verlassen und in Naumburg
Capitularis worden, die sächsischen Güter angenommen hat,
dessen Bruder aber, Adam, Hochf. Schwarzburgischer Cammerjunker, die pommerschen Güter Runow und Winningen zu
seinem Antheil erhalten hat.

Dieser Domherr, Ascan von Rhoeden, hat sich an
die Frau Landeshauptmannin, verwittibte Frau Sophie
Amalie von Kalb geb. von Merkelbach aus dem
Hause Hermannsburg und Beerßen im Lüneburgischen ver-
heyrathet und mit ihr zwey Söhne gezeuget und zwey
Töchter, davon der älteste Carl Ascan von Rhoeden
nach zurückgelegten Studien und großen Reisen anißo als
K. polnischer und sächs. Regierungs- und Consistorialrath zu
Zeiß lebt, der zweyte aber Theodor Ascan v. Rhoeden

(unseligen Andenkens), welcher gleichfalls studieret, und dabey das Reiten excoliert, anitzo Major von der Cavallerie in K. poln. und sächs. Kriegsdiensten, und sind die einzigen von der Rhoedenschen Familie in Sachsen, auch noch beyderseits in diesem 1741sten Jahre, unverheyrathet. Von den beyden Töchtern aber ist die älteste Eleonore Dorothee an den K. poln. und sächs. Cammerherrn, wie auch Dom-herrn des hohen Stiftes Naumburg und Landmarschall zu Paderborn, Freyherrn Raben Heinrich von Spiegel von Peckelsheim, die jüngste aber an den Cammerrath zu Zeitz Gotthelf Christian v. Mordeisen vermählet worden.

Vorermeldeter Domherr von Rhoeden wurde 1717 zum Stiftsrath erwählet. Im Jahre 1723 starb dessen einziger Bruder der Cammerjunker Adam von Rhoeden ohne Erben, und überließ ihm die Stammgüter in Pom-mern wieder, nebst seiner völligen Verlassenschaft. Im Jahre 1725 resignierte er die Stiftsrathsstelle und ward dagegen Praelatus custodiae, Subsenior und Inspector der Freyheitischen Gerichte, und starb den 16. Januar 1738. Uebrigens war er der Lectüre sehr ergeben, wie er denn eine ansehnliche Bibliothek gesammelt und auch in verschiedenen Königl. Commissionen und Deputationen eines Hochw. Domcapitels vielfach gebrauchet worden ist.

✝ (Mit dem Oberst Theodor Ascan starb diese sächsische Linie aus.)

4. **Caspar Adam von Rhoeden**, Adam's vierter Sohn, der Stifter der hannoverschen Linie.

(Wir lassen aber, um ungestört unsere, die hanno-versche Genealogie darstellen zu können, gleich Adam's fünften Sohn, Joachim Friedrich, hier folgen, und fahren dann später mit Caspar Adam fort.)

5. Joachim Friedrich von Rhoeden, Adam's fünfter Sohn, war ein schöner, ansehnlicher Mensch und voller Hoffnung sein Glück zu machen; er ist aber in seiner besten Blüthe bei einem Einfall von den Polen in Stücke zerhauen worden, welche sie in einen Sack gesteckt, und nachdem sie Alles ausgeplündert, in dem Hause zu Runow zurückgelassen haben.

Vorerwähnter Stammvater Adam von Rhoeden hat seine älteste Tochter an den Obristen von Uickermann und seine jüngste Tochter an den Obristen von Blankensee verheirathet. Ueberhaupt ist von dieser Rhoedenschen Familie anzumerken, daß sie allerseits, was erwachsen ist, in Kriegsdiensten stehen, bis auf den Regierungsrath, und diese drei Linien unter drei Königen und respective Churfürsten angesessen und ihnen treue Dienste leisten.

Wir wollen, ehe wir zu Caspar Adam von Rhoeden, dem Gründer unserer, der hannoverschen Linie schreiten, noch die ältere Linie von Adam's von Rhoeden ältestem Sohn Duser Friedrich, die in der preußischen Monarchie verblieb, in Betracht ziehen, da aller Wahrscheinlichkeit dieselbe noch nicht ausgestorben ist und noch zwei Söhne von dem weiland Major Adam Georg von Rhoeden (siehe diesen später) existiren, obgleich der noch vor etwa 10 Jahren bei dem preußischen 21. Inf.-Regt. in Colberg dienende August Wilhelm Ferdinand von Rhoeden nicht mehr in der preußischen Rangliste zu finden ist. Der Major von Rhoeden schickte mir im Jahr 1835 eine genealogische Uebersicht seines Onkels, des weil. Obersten Hans Heinrich Adam von Rhoeden, vom Jahre 1766, nebst eigener Fortführung bis zum Jahre 1835, welche ich hierin folgen lasse.

Der Oberst Hans Heinrich Adam von Rhoeden schreibt:

„Daß die Stammtafeln von unserem Lehnsvetter

sächsischer Branche, von dem Domherrn und Probst von
Rhoeden zu Naumburg und Herr auf Tscheipliß in Sachsen
und auf halb Runow und Winningen (jetzt im Regen-
walder Kreise von Pommern), nachdem er diesen Antheil
Güter von seinem Bruder, dem Cammerjunker Adam von
Rhoeden, welcher darauf gewohnt und ohne Erben verstorben,
geerbt und in Besitz genommen, auch die hinterbliebene
Wittwe eine geb. von Byla abgefunden hatte, nachhero
aber von seinem Sohne dem Obersten Theodor Ascan
von Rhoeden an eine Frau von Wedel [1]) verkauft worden,
weil der eigentliche Agnate Hans Niclas von Rhoeden sie
nicht einlösen konnte, mit nach Sachsen genommen worden,
mit dem Versprechen, solche zu renoviren zu lassen und
wieder mitzubringen; welches aber leider vergessen worden
ist, und alle Familien-Nachrichten und Documente, durch
Feuer und Plünderung der Feinde, im letzten Kriege ab-
handen gekommen sind. So viel ist mir aber bekannt,
daß unsere Familie aus dem Hannöverschen stammt.

Meines Urgroßvaters Duser Friedrichs beiden ältesten
Söhne hießen Adam Georg und Johann Christian von
Rhoeden, davon einerseits mein Großvater Adam Georg
halb Winningen und ein Antheil von Runow besessen,
der andere (der Großonkel) Johann Christian v. R. Obrist
und Commandeur des Kürassier-Regts. von Wirsbytoky,
Herr von halb Runow gewesen. Dieser hat sich mit einer
Baronesse von Hanzler aus dem Cölnischen vermählt, und
in dieser Ehe 2 Söhne erzeuget, wovon der älteste Friedrich
erst Lieutenant unter vormals von Dörschau nachher Prinz
von Preußen Inf.-Regt. gestanden, zuletzt aber als Grenadier

---

[1]) Sie war die Schwägerin des Oberst Theodor Ascan von Rhoeden.

Hauptmann unter das Regiment v. Röder nach Preußen gekommen, und daselbst 1760 unverheirathet gestorben. Der zweite Sohn Joseph von Rhoeden war zuerst Fähnrich unter Bayreuth-Dragoner nahm aber seinen Abschied und bewohnte sein väterliches Antheil in Runow, vermählte sich mit einem Fräulein von Wedel a. d. H. Barkenbrück und ist ohne männliche Erben gestorben, und ob zwar nach dem Ableben dieser beiden jetzt gedachten Brüder, mein Vater als nächster Lehnsagnate sein Antheilgut Runow in Possession nahm, so konnte er doch solches wegen der darauf haftenden Schulden nicht maintenieren, sondern es wurde im Concurs von dem Herrn von Wedel als Meistbietenden erstanden.

Nunmehro komme wieder zu meinem Großvater Adam Georg, dessen Ehegattin eine geborene von Löwenklau aus dermahlen Schwedisch-Pommern gewesen. Aus dieser gesegneten Ehe 4 Söhne (und 6 Töchter) erzielet, wovon mein Vater Hans Nicolaus v. R. der älteste gewesen, allererst unter der Aufsicht seines Vaterbruders des Oberst Johann Christian v. R. seine Militardienste unter dem Cürassier-Regimente Kronprinz von Preußen angefangen, aber 1718 als Lieutenant seinen Abschied genommen, sein väterliches Antheil in Winningen bewohnt und zur zweiten Ehe geschritten, worauf er 1736 wieder in Militairdienste gegangen und unter das damalige Regiment von Dossow in Wesel angestellt worden, nachher aber binnen wenigen Jahren zum zweiten Male seinen Abschied genommen, bis er endlich zum dritten Male bei dem Stettinschen Landbataillon eingestellt worden und als Hauptmann desselben 1756 gestorben ist.

Der zweite Sohn meines Großvaters Adam Friedrich

v. R. wurde Cadet in Berlin, dann unter das Infanterie-
Regiment von Gersdorff, anitzt Prinz von Preußen gekommen, und dabei bis zum Hauptmann avanciert, ver-
mälte sich 1735 mit der ältesten Tochter des Geh. Finanz-
rath v. Berger, erzeugte in dieser Ehe 3 Söhne und
starb im ersten Schlesischen Kriege in Ungarn an einem
hitzigen Nervenfieber.

Die beiden ältesten Söhne Friedrich und N. N.
v. Rhoeden (des letzteren Vornahmen ich nicht weiß),
haben Sr. königl. Hoheit, der Hochsel. Prinz von Preußen
als Pagen zu sich genommen und auch beide als Lieute-
nants beim Infant.-Regt. Prinz v. Preußen angestellt.
Der jüngste Sohn N. N. v. R. ist in früher Jugend
gestorben und die Mutter erhielt bis zu ihrem Tode eine
Gnadenpension in Straußberg.

Der dritte Sohn meines Großvaters Caspar Ludwig
v. R. ist erst Cadet gewesen, kam unter Markgraf Heinrich (nachherigen Erbprinzen von Darmstadt) Rgt. dabei
er bis zum Capitain avanciert und wurde auf dem Rück-
zuge in Böhmen 1745 bei der Arriergarde zwischen
Trautenau und Schatzlar erschossen. Er ist nicht verheirathet gewesen.

Der 4. Sohn meines Großvaters, Carl Otto v. R.,
ist ebenfalls Cadet gewesen, kam 1728 zum Cürassier-
Regiment Markgraf Friedrich, nunmehr von Lollehöffel,
als Fahnenjunker, 1734 ist er dabei Cornet und 1740
Lieutenant geworden, starb 1741 gleich nach der Bataille
von Mollwitz, welche er noch mit verrichtete, an einem
hitzigen Fleckfieber und ist ebenfalls unverheirathet gestorben.

Mein Vater Hans Niklas war Herr auf Winningen

und Runow. In seinen ersten Kriegsdiensten ist er Lieutenant unter den damals Kronprinz nunmehr Pr. Heinrich von Preußen Cürassier-Regt. (von Wiobizky) gewesen und in diesem letzten Kriege 1756 hat er sein Leben (wie schon gedacht) als Hauptmann eines Landbataillons in Stettin beschlossen. Meine Vornamen sind Hans Heinrich Adam. Bin geboren am 27. Dec. 1715 auf meinem väterlichen Gute Winningen. In meinem 11. Lebensjahre brachte mich mein Vater selbst nach Berlin als Page bei Ihrer Maj. der damals regierenden Königin und nachher der Königlichen Frau Mutter, und hatte die Gnade bis Ende 1734 in diesem Posten zu verbleiben, da ich dann von Sr. Maj. Friedrich Wilhelm am 3. December 1734 als Cornet bei Sr. Königl Hoheit Markgraf Friedrich Cürassier-Regt. (v. Lolhöffel) allergnädigst angestellt, jedoch mit dem expressen Befehl 3 Monat als Reuter und 3 Monat als Unterofficier Dienste zu thun, um davon einen rechten Begriff zu bekommen. Anno 1740 nahm der erste schlesische Krieg seinen Anfang, da ich denn gleich nach der ersten Bataille von Mollwitz, den 10. April 1741 zum Lieutenant avancierte. 1750 Rittmeister, 1752 Compagniechef, 1758 nach der Schlacht von Leuthen Major. Nach der Schlacht von Torgau 1760 haben Sr. Majestät mich mit dem Orden pour le merite, und wegen eroberter 13 Fahnen mit 500 Rth. begnadiget. 1767 zum Obristlieutenant ernannt, 1768 zur Werbe-Direction nach Frankfurt a. M. commandiert und 1772 zum Obersten avanciert. Da aber bereits auf meinem Werbecommando in Frankfurt unterschiedene Anfälle der fliegenden Gicht verspürt und damit das ganze Jahr 1772 sehr schmerzlich heimgesucht, so sah ich mich gedrungen um meinen Abschied und um Gnadenpension zu bitten, dem zur Folge seit dem 1. mit 300 Rth. jährlichen Zinsen mir in Reetz bei Arnswalde ein Haus gekauft, worin mit Gottes Hülfe gedenke mein Leben zu beschließen. (Er starb 1784 April 14 unverheirathet.) Meine Mutter war Charlotte Henriette von Schmiedeberg, a. d. H. Storkow, starb 1715 zu Haus Brock im Mekelnburgischen, woselbst zur Zeit das Regiment Kronprinz von Preußen nach der Uebergabe von Stralsund die Winterquartiere gehabt, und dahin meine Mutter dem Vater gefolgt war.

A. 1721 sind mein Vater nachdem sie den Dienst quittiert zur zweyten Ehe geschritten mit Sophie, Eleonora von Lekow, a. d. H. Lekow im Schiegelbeinschen Kreise von Pommern. (Aus dieser Ehe sind d r e i Söhne entsprossen.)"

So weit der sel. Obrist, Hans Heinrich Adam v. Rhoeden, der Major Adam Georg Wilhelm fährt nun fort.

„Diese Söhne waren:

1) Friedrich Wilhelm, gewesener Hauptmann unter Prinz Carl von Bevern Inf. Regt. hat sich in Schlesien verheirathet und ist in Schweidnitz 1783 unbeerbt gestorben.

2) Carl Christian, ging 1754 wegen eines unglücklichen Duells aus K. preuß. Dienste in fremde, und ist von ihm nie etwas weiter gehört oder gesehen worden.

3) Georg Leopold ist 1752 Fahnenjunker bei Markgraf Friedrich Cür. Regt. (v. Pollhöffel) wurde 1756 Cornet, 1758 Lieutenant, und 1762 Staabsrittmeister, nahm 1769 seinen Abschied und verheirathete sich mit

Frl. Charlotte von Zadow und wurde Erb- und Gerichts-
herr auf Schlönwitz im Schiefelbeinschen Kreise von
Pommern, starb daselbst den 21. Juni 1791. Hinterließ
5 Söhne und 1 Tochter die Gräfin v. Sparr.

I. Hans Friedrich Wilhelm August v. R. geb. 1773
Oct. 17, wurde 1788 Cadet in Berlin, kam 1790 als
Fahnenjunker zum Dragoner-Rgt. von Schenk in Tilsit,
nahm aber wegen Bewirthschaftung der Schlönwitzer
Güter, auf Verlangen der Mutter den Abschied, verheirathete
sich mit einer Frölen von Wedelstädt a. d. H. Rühenwalde,
trat 1813 als Pr.-Lieutenant bei der neumärkischen Land-
wehr ein und starb 1814 in Eisleben an einem hitzigen
Nervenfieber ohne männliche Erben.

II. Carl Christian Leopold, geb. 1776 Febr. 4.,
wurde gleichzeitig 1788 Cadet, kam 1794 als Fahnenjunker zu dem Rgt. von Crousaz, das in Frankreich stand,
wurde den 14. April 1794 Fähnrich, starb am Brustfie-
ber zu Frankfurt a. M. den 23. Sept. 1794 unverheirathet.

III. Adam Georg Wilhelm (der Schreiber dieses),
geb. 1778. Juli 24, wurde im Juni 1791 Cadet in
Berlin, kam im März 1795 als Fahnenjunker zu dem
Regmt. von Crousaz, das in Frankreich stand, wurde den
3. April 1797 Fähnrich, 1800 Lieutenant, dann 1806
nach der Capitulation von Gr. Glogau in die Heimath
entlassen, 1809 im Februar bei der Landgendarmerie in
Pommern angestellt, dabei 1815 Pr.-Lieutenant, 1822
Capitain und 1831 als Major pensionirt, demnächst
1832 Chef der 13. Invaliden-Comp. zu Heiligenstadt,

verehelicht durch Königl. Consens mit Charlotte Lösch, erzeugte 4 Söhne (und 4 Töchter.)

1. Carl Julius Ferdinand v. R. 1804, Febr. 18., trat freiwillig zur Ableiſtung der Dienſtpflicht in das 14. Infant.-Regt. und ſtarb 1834, Oct. 13., an einem hitzigen Nervenfieber, unverheirathet.

2. Heinrich Friedrich Ludwig v. R., geb. 1807, Nov. 21., trat zur Erfüllung ſeiner Dienſtpflicht 1830 bei dem 10. Inf.-Regt. zu Danzig ein und ſtarb daſelbſt an der Cholera 1831 unverheirathet.

3. Wilhelm Ferdinand Auguſt v. R., geb. 1811, März 27., trat als Diviſionsſchüler bei dem 21. Inf.-Rgt. in Stargard ein und iſt ſeit 1832 Sec.-Lieutenant bei dem Füſilier-Batallion in Colberg.

4. Hans Friedrich Leopold, geb. 1818, Sept 23., jetzt Secundaner in dem Gymnaſium zu Heiligenſtadt.

IV. Heinrich Ferdinand v. R., geb. 1785, Aug. 26., wurde 1792 Cadet in Stolpe, 1795 zu Berlin, kam 1797 bei das Inf.-Regt. von Courbière als Fahnenjunker, 1798 Fähnrich, 1800 Sec.-Lieut. und ſtarb den 27. September 1809 am Nervenfieber in Breslau, unverheirathet.

V. Alexander Auguſt Ferdinand v. R., geb. 1785, Aug. 26., wurde Cadet in Stolpe, 1801 zu Berlin, kam im April 1805 als Fahnenjunker zum Regt. Fußgarde in Potsdam, 1806 in die Heimath entlaſſen, trat 1813 als Lieutenant beim Leib-Inf.-Regt. (8. Inf.-Reg.) ein, wurde 1816 Capitain bei demſelben und hiernächſt 1832 Chef des 32. Inf.-Regts., Garniſoncompagnie in Erfurt. Er iſt ſeit dem 26. Aug. 1816 mit einem Fräulein

Caroline Auguste Pabst von Oheim, der Tochter des in sächsischen Diensten gestandenen Capitains Pabst von Oheim, geehlicht, jedoch noch unbeerbt.

Dieß wäre nun Alles was mir von Familien-Nachrichten zu ermitteln möglich gewesen.

Adam Georg v. Rhoeden.

Hier schließen die letzten Nachrichten über die preußische Linie.

Dritter Abschnitt.

Cap. 1.

Da wir nun die sächsische Linie bis zu ihrem Erlöschen mit dem unglücklichen Oberst Theodor Ascan von Rhoeden (welcher trotz seines Reichthums so wenig auf seinen alten ehrlichen Namen hielt, daß er die Stammgüter, welche die Familie über 400 Jahre besessen, in andere Hände gab und ihr dadurch allen Halt entzog), auch die preußische Linie bis zu den letzten Nachrichten im Jahre 1835 vorgelegt haben, so kommen wir jetzt zu unsrer eigenen, der hannoverschen, welche durch meinen ehrwürdigen, gottesfürchtigen und kernigen Urgroßvater, den seligen Oberforstmeister Caspar Adam von Rhoeden, den 4. Sohn Adams, in den ursprünglichen Stammlanden des Geschlechtes, aus denen es hervorgegangen, in Braunschweig-Lüneburg und Hannover, hier wieder begründet wurde. Da es für die Nachkommen unsrer Linie nur von großem Werthe sein kann, von dem Lebensschicksale ihrer unmittelbaren Vorfahren auf das Genaueste unterrichtet zu sein, so will ich in diesem „dritten Abschnitt" von der im Anfang verkündigten Kürze insoweit abgehen, daß ich außer dem historischen auch das biographische, was ich erreichen kann, mittheile, entweder kurz hier oder in einem besonderen Anhange, um dadurch, nach dem bekannten Wort der Franzosen le style c'est l'homme, den Character der betreffenden Persönlichkeit richtiger darstellen zu können. Ich werde zu dem eben angegebenem Zwecke auch den weiblichen

Mitgliedern unserer Ascendenten diese selbe Rücksicht zukommen lassen, und sie auch in der genealogischen Reihe mit den männlichen, nach dem Alter ihrer Geburt anführen.

1650.
Stamm-vater der hanno-verschen Linie.

14. **Caspar Adam von Rhoeden,** seine erste Frau **Christine Am. von Stafhorst,** seine zweite Frau **Dorothee Magdalene von Lützow.** Er wurde am 1. December 1629 zu Winningen auf seinem väterlichen Gute geboren, und starb am 1. October 1707, an den Folgen eines Sturzes mit dem Pferde, nach 15wöchigem Krankenlager, als braunschweig-lüneburgischer Oberforstmeister, also im 78. Jahre. Er war ein Mann, kräftig von Geist und Körper, so daß er noch kurz vor seinem Tode mit dem „jüngsten Mannsbilde" in die Wette laufen konnte, dabei heiter, genügsam und loyal, sowie in seinem Berufe unermüdlich, und allgemein geehrt und geliebt bei Hoch und Niedrig. In seinem 12. Lebensjahre fing er an sich auf das Waidmannswerk zu legen; in seinem 15. brachte ihn sein Vater nach Berlin, wo er Jagdpage bei dem Churfürsten wurde, und dort in dieser Stellung 7 Jahre verblieb, dann wurde ihm erlaubt sich nach Warschau an den Hof des Königs von Polen, Johann Casimir, zu begeben, um die dortigen Jagden kennen zu lernen, im Jahre 1651. Hier nahm er an allen Jagden des Königs nach Auerochsen, Elenthieren, Luchsen, Bären, Wölfen u. s. w. Theil, ging aber im Jahre 1655 von dort wieder nach Berlin, nachdem er durch ein mörderisches Attentat schwer am Kopfe und linken Arme durch sieben Polen verwundet worden war, wodurch ihm der dortige Aufenthalt verleidet wurde. Da aber der Churfürst die Jägerei des Krieges wegen sehr verkleinerte, und dadurch die Aussicht auf Beförderung in seinem Fache sehr getrübt wurde,

4

nahm er das gnädige Anerbieten des Churfürsten an, ihn
bei dem Herzog Christian Ludwig von Celle zu recomman-
diren. Er ging dorthin, und wurde Hof- und Jagdjunker.
Im Jahre 1662 verheirathete er sich zum ersten Male
mit Christine Amalie von Stafhorst a. d. H.
Hoya und Hermannsburg, (Schwester des nachherigen
Oberjägermeister von Stafhorst). Er hatte mit ihr sieben
Kinder (2 Söhne und 5 Töchter). Im Jahre 1666
wurde er Oberforstmeister über die Communionforsten von
Braunschweig-Lüneburg am Harz und zog nach Seesen
am Harz. —

Ich lasse nun die genealogischen Notizen meines sel.
Großvaters des Generallieutenants August Friedrich von
Rhoeden hier wörtlich folgen und verweise im Uebrigen
auf Caspar Adams „Lebenslauf" im Anhang.

„Nachdem Mein in Gott Ruhender Vatter, Herr
Caspar Adam von Rhoeden mit der Hochwohl-
geborenen Frl. Christina Amalia von Stafhorst aus
dem Hause Hoya und Hermannsburg in die anderthalb Jahr verlobet gewest, hat Er sich mit selbiger
zu Watlingen unweit Celle Anno 1662 den 10 Oct.
copulieren lassen, und mit selbiger gezeuget 2 Söhne
und 5 Töchter.

Alß

1. Anno 1663 den 6. July, Dorothea von
   Rhoeden. selbige ist Anno 1688 an den Herrn
   Obristen von Hedemann getrauet, mit selbigem
   4 Söhne und 3 Töchter gezeuget, und Anno 1708
   den 18. October mit Tode abgegangen.

2. Anno 1666 den 18. Januar, Louise Marie
   von Rhoeden. Diese ist sehr jung in's Adliche

Stift zu Ebstorf kommen, hernächst eine geraume Zeit darin beharrt, auch 1708 den 18. Februar darin gestorben.

3. Anno 1667, den 8. März ist geboren, Hedewig Anna Elisabeth von Rhoeden, selbige ist Anno 1669 unglücklicherweise am 14. Mai ertrunken.

4. Anno 1668 den 15. July ist gebohren: Friedrich August von Rhoeden (hat sich verheyrathet anno 1700 den 1. Februar mit der hochwohlgebornen Frl. Eleonore Sophia von Mebing vom Hause Schnellenberg, welche anno 1729 Aug 1. selig verstorben; während der Ehe mit ihr erzeugt 6 Kinder, als:

a. Adam Ernst Friedrich geb. a. 1700 den 25. Oct.

b. Christian August Georg geb. a. 1702 am 25. März, gestorben 1729 am 3. März.

c. Ernst Wilhelm Hyronimus geboren 1703 Juni 30., gestorben 1706 am 21. Juny.

d. Carl Ludwig geb. 1706 Februar 15.

e. Sophie Dorothea geb. 1708 Mai 10.

f. Franz Gottlieb geb. 1713 Oct. 13.

5. Anno 1670 Aug. 7. ist geboren: Ursula Margaretha von Rhoeden, ist a. 1691 an den Herrn von Heimburg Erbherr auf Eckerde, den 15. Jan. verheyrathet, und mit selbigem gezeuget 4 Söhne und 2 Töchter.

6. Anno 1672 geb. Adam Ernst von Rhoeden, nachdem derselbe der Belagerung in Ungarn, sowohl vor Ofen als Belgrad und nächstdem, denen Campagnen in Braband und am Rhein, wehrenden Krieges mit beigewohnt, und dorten blessiert ist im

4*

herunter Reifen a. 1706 Oct. 30. zu Leese an der Weser im Posthause schleunig gestorben als Lieutenant.

7. Anno 1674 ist geb. Clara Sophia von Rhoeden und in der besten Blüte ihrer Jahre gestorben, und zwar im 21. Lebensjahre an den Blattern 1695. —

Anno 1674 den 6. Aug. ist die hohe Fr. Christina Amalia von Stafhorst nach ausgestandenen 6 Wochen an der Wassersucht bei vollem Verstande sanft und selig verschieden.

Anno 1675 den 4. July ist mein sel. Herr Vatter der gewesene Oberforstmeister über die Churhannoversche und Braunschweig-Lüneburg.-Wolfenbüttelsche Communionforst am Haarz, Caspar Adam von Rhoeden zur 2. Ehe geschritten, und sich die hochwohlgeborene Frl. Dorothee Magdalene von Lützow, vom Hause Almstedt und zwar des Herrn Obersten Henning von Lützow Tochter antrauen lassen, mit welcher er gezeuget wie folget: (3 Söhne und 4 Töchter).

1. Christina Sophia Elisabeth.

2. Henning Christoffel*).

3. Magdalene Christina.

Sind alle drei in ihren besten Jahren kurz nacheinander an den Masern gestorben.

4. Friedrich Gottlieb ist vor Mons als Lieutenant in den Tranchéen erschossen.

---

*) Henning Christoffel starb als Cammerpage des Herzogs Anton Ulrich von Braunschweig. S. dessen Leichenpredigt und Stammtafel.

5. Todgeborener Sohn.

6. Eleonora Catharina ist 1705, an den Herrn von Baumbach in Homburg in Hessen am 14. Jan. verheyrathet und mit selbigem gezeuget 1 Sohn und 1 Tochter.

7. Anna Augusta 1691 gestorben.

Anno 1707 den 1. October: Ist mein Vatter (Caspar Adam), nachdem derselbe mit dem Pferde einen schweren Fall gethan, nach 15wöchentlicher Frist, bei vollem Verstande im 78 Jahre seines Alters, nachdem derselbe von allen Umstehenden Abschied genommen, selig verschieden.

Dehme dann seine geliebte Hausfrau allererst vor ein paar Jahren gefolgt ist im 85. Lebensjahre, dabei das merkwürdige, daß selbige 2 mal sich im Hessen-Lande zu wohnen begeben, letzlich aber wieder nach Seesen am Harze gewandt umb bei ihrem sel. Eheherrn zu ruhen, so auch geschehen.

Haarburg d. 15. July 1730.

Wie wir hieraus sehen, so starben alle Söhne des Caspar Adam von Rhoeden sehr jung und ohne Erben, außer dem nun folgenden nachherigen Generallieutenant August Friedrich v. R.

15. **August Friedrich von Rhoeden** wurde geboren 1668, Juli 25., in der Bergstadt Lautenthal, und starb am 8. Mai 1742 als königl. großbrittanischer und churf. braunschw.-lüneburgischer Generallieutenant und Gouverneur der Festung Haarburg.

Seine erste Frau Eleonore Sophie von Meding, seine zweite Frau Barbara Sophie Dorothee von Witzendorff.

Er war des sel. Oberforstmeisters Caspar Adam's v. R. ältester Sohn und war im Begriff zur Universität Helmstedt abzugehen, als er bei einem Besuche, welchen er seinem Oheim, den Oberjägermeister von Stafhorst (Bruder seiner Mutter) in Celle abstattete, sich von zwei seiner früheren Schulcameraden, einem v. Bülow und v. Lüneburg, die auf der Wache, welche er passirte, angerufen fand, und die ihn beredeten, das Studieren an den Haken zu hängen und Soldat zu werden. Sie ließen sich ablösen und brachten ihn zu dem Generalmajor von Boppard, welcher als Chef der Artillerie ihn zum Dienst in dieser Waffe nahm. — (Ich lasse ihn in seiner Biographie selbst fortfahren.)

„Ich trat nun sofort bey die damalige Artillerie-Compagnie, und legte den Eid der Treue im Zeughause ab. Nach Ablauf eines Jahres wurde ich Gefreyter, mußte selbst mit im Laboratorio arbeiten. Anno 1685 wurde ich Corporal, that in solcher Charge die Campagne in Ungarn mit, wohnte der Belagerung vor Neuhöffel und der Bataille vor Gran gegen die Türken mit bey, nahmen unsern Marsch bis ohnweit Ofen, wegen der späten Jahreszeit aber hat die Armee sich da hierauf in die Winterquartiere gezogen, die Cellischen Truppen aber wieder nach dem Lande marschiert, worauf ich Corporal und hernacher Sergeant worden, daß also alle Grade durchgangen.

Anno 1687 bin Fähndrich geworden bey dem Rgte. des Herrn Oberst von Nettelhorst. Anno 1688 sind einige Compagnien nacher Holstein gesandt von Cellischen und schwedischen Truppen, um den Herzog Christian Albrecht, welcher sich einige Jahre gleichsam in exilio in Hamburg befunden der darum nachsuchte, wieder einzusetzen. Man hat die rasierte Festung Tonning wieder in den vorigen Stand gebracht. Anno 1689 sind wir wieder in's Land kommen. A. 1690 bin Lieutenant worden, bey dem Rgt. des Herrn Obersten von Dahlberg, sind auch im selbigen Jahre nach Brabant marschiert. Nach der Bat. von Steinkerken, davon noch einige Marques am Leibe trage, bin Regimentsquartiermeister worden, bey des Herrn Generalmajor von Bernstorf's Rgte. A. 1695 den 1. Februar, Capitain bei dem Rgte. des Generalmajor de la Motte, und habe von 1690 bis zu dem Friedensschlusse 1697 alle die vorgefallenen Campagnen sowohl am Rhein, als in Brabant und Flandern mit beygewohnt.

Anno 1700 habe in der Campagne von Holstein wider Dänemark, die Dienste als Major der Brigade verrichtet. Anno 1703 bin bey des Herrn Generalmajor de Brevil Rgt. so zu Verdelo stand, Major worden. A. 1706, bin bey Sr. Excellenz dem Herrn Generallieutenant von Rantzau Rgt. so in 14 Comp. oder 2 Bataillons bestand, Oberstlieutenant geworden und die Ehre gehabt solche zu commandieren, nun hiernach A. 1715 mir der Character als Oberster beygeleget worden.

Anno 1717 habe das vakante von Knöbelsche, sonsten in anno 1702 von Ihro Durchl. dem Prinzen von Strelitz errichtete Rgt. erhalten.

Daß also von 1703 bis 1714 allen vohrgefallenden actionen, so das Regiment betroffen, sowoll in Brabant als am Rhein und Bayern mit beygewohnet, welche mit der Belagerung von Mainz schlossen, und von da über

Coblenz in das Land zurückmarschiert wurde, und folglich 21 Campagnen mitgethan habe, die specialia davon auzuführen, würde zu weitläuftig seyn, da bekanntlich in währender zeiten differente actionen auf alle
Ahrt vohrgegangen, die alle mein diarium (ist leider
nicht mehr vorhanden), solches ausführlich zeigende, auch
die Marques, so noch theils am Leibe trage, dabey
mir zeugnis geben können. — Ich danke dem gerechten
Gott daß Er Mihr die Arme und Beine im Stande
erhalten, damit man noch gehen und stehen und die
Hände gebrauchen kann.

Anno 1725 den 19. Februar, bin allergnädigst
zum Brigadier von Ihro Königl. Maj. declarieret.
Anno 1728 habe die garnison von Verden, wie woll
nicht ohne große Regrets, quittieren müssen, nachdem
ich mich da etablieret, und nicht ohne große Kosten,
ein Haus gekauft, zurechte gebaut, anbey einen Garten
angeleget gehabt, (Das frühere Dr. Laubrechtsche, jetzt
Fröhlkesche Wesen. v. R. 1861.) in dem ich 11 Jahre
in Quartier gelegen, in dem nach Lüneburg marschieret,
um die Commandantschaft so woll der Stadt, als der
Feste des Kalkberges anzutreten, Maaßen da 2 Bataillons
in der Stadt, Garnison hielten, ohne die Artillerie-
Bediente.

Anno 1729 ist eine abermalige Veränderung vor-
gegangen, da mir dann von J. Königl. Majestät das
Gouvernement der Festung Haarburg anvertrauet worden,
dahin denn mit meinem Rgte. marschieret.

Anno 1734 haben J. K. Maj. mihr die Gnade
erwiesen, mit dem Character als General-Major, Patent aus St. James, beygeleget, auch allergnädigst be-

liebet, daß wegen ausgestandenen vielen Strappaßen mit herannahenden Alter, vor meine Person, allhie im Lande bleiben, und daßelbe in Obacht nehmen möge, wie denn mein gnädigst anvertrautes Regiment, nebst noch 5 andern, den 16. April, den Marsch nach dem Rhein unter Commando, des dabeystehenden Herrn Obrist-lieutenant von Wackerbart, angetreten, welchen der Höchste sämmtlich, Gesundheit und Sieg wider die Feinde verleihen wolle.

Ob nun zwar der Leib in so weit seine Ruhe hat, so kann doch versichern, daß durch viele Sorgen vohr das Regiment, mit steter Correspondenz öfters mehr fatiguirt werde, als wäre ich mit zur Stelle, da aber wir Menschen zur Arbeit sind geboren, wie der Vogel zum fliegen, muß man nicht verdrießlich werden.

In den Familienpapieren liegt die nachfolgende Todesanzeige des sel. August Friedrich von Rhoeden.

Anno 1742, hat's dem großen Gott gefallen Ihro Excellence den Hochwohlgebornen Herrn, Herrn August Friedrich von Rhoeden, Sr. Königl. Majestät von Großbritannien und Churf. Durchl. zu Braun-schweig und Lüneburg hochbestallt gewesenen General-Lieutenant und Gouverneur der Festung Haarburg, durch eine Selige Abforderung aus dieser mühsamen Welt ein Ende Dero rühmlichen Tage zu machen. Es befiel Hochgedachten Herrn den 24. April Abends um 8 Uhr mit einer Art von Schlagflusse, welcher Zufall besonders den rechten Arm und Fuß lähmte, und den Gebrauch der Sprache schwer machte. Nach

Nehmung der Medicamente, ließ es sich's zwar anfäng-
lich zur Besserung an, und die Rede wurde in etlichen
Tagen je mehr vernehmlicher und deutlicher, aber es
gefiel dem Allerhöchsten, nicht Ihm noch diesesmal
wieder aufzuhelfen, indem sonderlich den 8. May die
Krankheit heftiger wurde, und Gott diesen Tag zu
einem Tage der Auflösung bestimmte, Gestalt dann
Ihro Excellence um die Mittags-Zeit einzuschlafen an-
fingen, und in demselben Schlafe Abends zwischen
8 und 9 Uhr unter dem Gebete der Umstehenden
sanft und selig von dieser Welt abschieden. — So
viel man Nachricht gefunden, sind Ihro Excellence auf
diese Welt geboren A. 1664 Juny 15.

In den Militairstand getreten Anno 1682 den
9. Mai. Also in diesem Stande zugebracht 60 Jahr,
und überhaupt auf dieser Welt gelebet 78 Jahr
weniger etliche Wochen. —

F. D. H. Grotefent.

Genealogisches Tagebuch des sel. Generallieutenant
von Rhoeden.

Anno 1699 den 7. July ist durch sonderbare
Schickung Gottes, zwischen mir und der Frl. Eleonore
Sophie von Meeding, die Verlöbnis zum Schnellen-
berge gefallen.

Anno 1700 den 1. Febr. bin ich zum Schnellen-
berge von Herrn Magister Hülsemann an meine Liebste
getraut, praesentibus, dero geliebte Eltern, Herr
Oberjägermeister von Stafhorst mein Oheimb, Herr
Ausreiter v. Meding, und Herr Cammerjunker von
der Wense.

Anno 1700 den 20. Sept. Nachmittags um 2 Uhr hat mein geliebter Schwiegervatter dieses Zeitliche gesegnet, und ist der Körper den 22. Oct. in der St. Michaelis-Kirche zu Lüneburg beerdigt.

Anno 1700 den 25. Oct. Morgens zwischen 6 und 7 Uhr, hat der gütige Gott, meine liebe Frau der getragenen Leibesfrucht gnädig entbunden, und nach ausgestandener schwerer Arbeit uns beyderseits Aeltern, mit einem jungen Sohn erfreut, welcher denn sogleich den Nachmittag getaufet, und Adam Ernst Friedrich genannt worden. Die Gevattern sind der Herr Oberjägermeister von Stafhorst, mein Vater (Caspar Adam) und der Herr Obrist von Nettelhorst.

1. Adam Ernst Friedrich war der älteste Sohn und verheyrathete sich den 14. März 1732 mit der Frl. Sophie Margarete Felicitas von Alten zu Goltern, als Capitain, welche 1737 an den Folgen des Wochenbettes nebst dem Kinde starb. Im Jahre 1771 Mai 27 starb Adam Ernst Friedrich v. Rhoeden Erbherr auf Almstedt, als Obrist und Commandant von Hildesheim, Kriegsrath des Stift Hildesheim und Deputierter der Ritterschaft, an einem Schlagflusse, nachdem derselbe sein Alter auf 70 Jahre 6 Monate und 12 Tage gebracht hatte. Sein Sohn war:

Georg Friedrich, geb. 1734 April 23. gestorben im Jahre 1791 Sept. 18. nach erdultetem langwierigen schweren asmathischen Leiden, im Alter von 57 Jahren 4 Monaten und 26 Tage. Er trat im Jahre 1750 bey dem damaligen Cavallerie-Rgte. des Grafen von Platen in Dienst, und erhielt gleich darauf den Character von Cornet, welches er aber 7 Jahr aus Mangel allen Avancements im Rgte. verblieb. Anno 1759 wurde er zum Lieutenant in der Leib-Garde befördert, wobei er nach gänzlich beygewohnten 7jährigen Kriege A. 1763, bey deren Vermehrung eine Compagnie erhielt, auch lange als tit. Major stand, bis er im Jahre 1787 bey dem 4. Cavallerie-Regt. von dem Busche als wirklicher Major placiert wurde, und von der Zeit an in Haarburg im Standquartier war, woselbst er auch gestorben, und auf dem dasigen Garnison-Kirchhofe begraben ist. Das Monument ist noch vorhanden, welches ihm mein sel. Vater setzen, und das ich im Jahre 1858 wieder restauriren ließ. — Er war in seiner Jugend mit einer Frl. von Alten, seiner Cousine, verlobt, da sie aber starb, konnte er sich nicht entschließen je eine andere zu heyrathen. Er war ein ganz ausgezeichneter Character und stand deshalb in sehr großer Achtung und Liebe seiner Vorgesetzten, Cameraden und Untergebenen.

Anno 1702 März 25. Abends 9 Uhr ist meine geliebte Frau zum zweiten mal, dafür Gott gedanket sey, eines jungen Sohnes genesen, und genennet worden Christian August Georg. Die Gevattern sind gewesen, die Frau Schwiegermama, Herr Landmarschall von Meding, Herr Landrath von der Wense, und der Herr Obrist von Hedemann.

2. **Christian August Georg**, starb 1729 Aug. 1.

Nachmittags zwischen 2 und 3 Uhr zu Almstedt nach langwieriger ausgestandener Krankheit.

Anno 1703 Juny 30. hat uns beyden Aeltern der liebe Gott Abends um 5 Uhr mit dem dritten Sohn erfreuet, welcher genannt worden, Ernst Wilhelm Hyronimus. Dessen Pathen sind, der Herr Director von Spörcke, und der Herr Major von Wizendorf.

3. **Ernst Wilhelm Hyronimus.** Er ist nach ausgestandener Krankheit mit schweren Steinbeschwerungen, den 21. Jan. 1706 sanft und selig entschlafen, seines Alters 2 Jahr, 6 Monate und 21 Tage.

Anno 1706, 14 Tage vor Michaelis den 15. September sind wir beyderseits Aeltern mit dem 4. Sohne erfreuet worden; selbiger ist in der heil. Taufe genannt Carl Ludwig, dessen Gevattern sind die Frau Anna Sophia von Estorf und der Herr von Post.

4. **Carl Ludwig.** Er starb als Generalmajor im Alter von 60 Jahren, im Jahre 1765 den 2. September, unverheyrathet.

Anno 1708 Mai 10. Morgens um 3 Uhr ist abermals meine liebe Frau gnädigst entbunden, und wir Aeltern einer wohlgestalteten Tochter erfreuet worden, welcher in der heil. Taufe der Name Sophie Dorothee beygelegt worden, deren Gevattern meiner Frau leibliche, (geb. v. d. Wense), und meine Stiefmutter (geb. v. Lützow).

Anno 1731 July 18. hat der Herr Lieutenant Jochen Christian von Stafhorst mich gebührend um

meine Tochter Sophie Dorothee zu heyrathen an-
gesprochen, wozu denn meinen väterlichen Consens
gegeben. Es hat aber derselbe ohne mein Vorwissen darauf mit Ihr den 18. Aug. heimlich
trauen lassen. Anno 1732 Juny 7. des Nachts
zwischen 12 und 1 Uhr ist meine Tochter die
Frau von Stafhorsten glücklich entbunden und
eines jungen Sohnes genesen, so den 10. zur heil.
Taufe gebracht und ihm der Name Ernst August
Friedrich beigelegt worden. Gevattern sind würklich nicht benennet, sondern die Namen ihrer beyden
Großväter erwählet.

Anno 1733 Aug. 13 ist meine liebe Tochter
die Frau von Stafhorsten nach ausgestandener
Krankheit aus dieser mühsamen Welt abgefordert,
und dero entseelter Körper nachher Almstedt ins
dasige Erbbegräbniß gebracht und beygesetzet worden.

Anno 1713, Dec. 13. Mittags 12 Uhr ist meine
liebe Frau glücklich entbunden und mit einem wohl-
5. gestallteten Sohn erfreut, dem der Name Franz
Gottlieb beygeleget worden.

Anno 1718 April 10. hat es dem allweisen Gott
gefallen, uns Eltern unsern jüngsten und lieben
Sohn, wie einen Benjamin nicht allein aus unsern
Augen, sondern von unseren Herzen zu reissen, nachdem derselbe sein Leben in der grassierenden Pocken-
krankheit in den 3ten Tag um 7 Uhr Morgens und
also schleunig endigen, auch sein zwar kurzes doch
kluges Alter, nur auf 4 Jahre 2 Monat und 3 Tage
bringen müssen. Gott erfreue diese von aller Welt
geliebte Seele mit ewiger Wonne, und lasse sie seiner

Gnade eingedenk seyn, wie sie der Liebe desjenigen unvergeßlich bleibt, der ihm dieses zum wohlmeynenden Angedenken hier auffgesetzet. Den schmerzlichen Verlust aber ersetze der Herr Herr mit anderweitigen tausendfältigen Freuden, denen hochwohlgebornen Eltern, als meine preticuseßten Freunde, und lasse sie bis auf das spätestte vor dergleichen bewahret werden. —

Anno 1729, Aug. 1, Morgens zwischen 7 und 8 Uhr hat es dem großen Gott gefallen durch einen sanften und seligen Tod mir meine liebe Frau Eleonore Sophie von Meding vermählte Frau von Rhoeden von der Seite zu reissen und mich in einen unendlichen Schmerz und Betrübniß zu setzen, nachdem selbige bey vollem Verstande, und gleichsam im Reden verschieden; ist geboren 1682 Sept. 29. am St. Michaelis-Morgen. —

Anno 1732 bin ich August Friedrich v. Rhoeden zur zweyten Ehe getreten und mich mit der Hochw. Frölen Barbara Sophie Dorothee von Witzendorff am 13. October im Beysein derer vornehmen Kauffleute aus Hamburg als den Herrn Bielefeldt und Rücker, ingleichen der Herr Hauptmann Koven, und Herr Fähnrich Voeth, trauen lassen in aller Stille zu Vermeidung großer Unkosten, und anderer etwa entstehender Weitläuftigkeiten. — Der Höchste verleihe uns beyden nur Ruhe und Frieden wider alle Widersacher.

Anno 1734 July 31. Morgens zwischen 9 und 10 Uhr ist meine geliebte Frau glücklich entbunden, und sind wir beyderseits Aeltern mit einem gesunden

und wohlgestalteten Söhnlein erfreut worden. Den
2. Aug. ist derselbe zur heil. Taufe bestätigt wor-
6. den, und ihm der Name Ernst Friedrich Wilhelm gegeben. Die Gevattern sind nach den ersten
Namen, mein in Gott ruhender Herr Schwiegervater,
und Sr. Excellence der Herr Generallieutenant
v. Melvil, zum 2. und 13. Namen Frölen Friederica
von Wißendorff, imgleichen die 3 Herren Schwäger,
als der Herr Baron von Pöllniß, Herr Capitain
von Wißendorff und der älteste Herr von Wißendorff von Wresdorff und Bellbencken.

Dieser 6. Sohn meines sel. Großvaters trat
im Jahr 1750 als Cadet bey der Fußgarde ein,
wurde 1754 Fähnrich beym Rgt. von Wangenheim.
Im Jahr 1757 wurde er bey dem Jägercorps
employiert, wobey er bis zu dem a. 1762 erfolgten
Frieden als Lieut. und Capitain mit vieler Dis-
tinction gedient hat. Anno 1760 übernahm derselbe
von dessen Frau Mutter das abl. Gut Wrestorff
bey Lüneburg und verheyrathete sich mit der Frl.
H. L. von Laffert, einer Tochter des Geheimenrath
von Laffert in Ratzeburg aus welcher Ehe keine
Erben nachgeblieben sind. Er starb am 1. October
1765 an der galoppierenden Schwindsucht. Seine
Frau hatte das damals exorbitante Vermögen von
60000 ℳ so viel an Werth wie jetzt 300000 ℳ.
Er fing hierdurch übermüthig gemacht, ein sehr
verschwenderisches Leben an, baute unsinnig, hielt
sich Läufer und Heiducken u. s. w. Nachdem er
nun kinderlos gestorben, nahm Herr von Laffert
seine Tochter mit dem Vermögen wieder an sich,

und die Güter Almstedt und Wrestorf geriethen unter den Hammer, so daß dadurch das Rhoedensche Vermögen total aufgerieben wurde, und meine selige Großmutter nur von ihrer spärlichen Generals-Wittwenpension sich kümmerlich behelfen mußte. —

Anno 1768 den 3. Januar hat es dem Herrn über Leben und Tod gefallen, nach seinem unerforschlichen Rathschluß und Willen, Jhro Excellence die Frau Generalin Barbara Sophie Dorothee von Rhoeden geb. von Witzendorff nach einem dreytägigen Lager zu Lüneburg, wohin dieselbe sich retiriret hatte, nachdem kurz zuvor erwähnter ihr Sohn einen Concurs nachgelassen, und sie das ihm cedirte Gut Wrestorf räumen müssen, aus dieser Zeitlichkeit abzufordern, und nach vielen gehabten Verdrießlichkeiten, in die ewige Ruhe und Freude zu versetzen, nachdem sie ihr mit vieler Müheseligkeit versellschaftetes Leben auf 62 Jahr 3 Monate und 8 Tage gebracht, und 20 Jahr und 8 Monate im Witwenstande erlebet hat. Letztgedachte 3 Leichen sind in dem Witzendorffschen Erbbegräbnisse zu Bardowiek beygesetzt worden.

Anno 1737 den 1. December, Abends um 10 Uhr ist meine geliebte Frau abermahls glücklich entbunden, da denn wir beyderseits Aeltern mit einem wohlgestalteten Söhnlein sind erfreuet worden, welchem darauf nach einigen Tagen in der heil. 7. Tauffe der Name August Friedrich Ludwig beygeleget worden, welchen der Herr Oberste Baron von der Schulenburg als erster Herr Gevatter selbsten über die Taufe gehalten. Die übrigen Herrn

5

Gevattern sind, der Herr Landrath von Witzendorff,
meine beyden Söhne als der Capitain und Lieutenant,
item der Herr Lieutenant von Witzendorff.

1737. 16. **August Friedrich Ludwig,** der siebente Sohn aus der zweiten
Ehe mit der B. S. D. von **Witzendorff.** Er wurde
zu Harburg geboren, wie sein Vater im 73. Lebensjahre
stand. Dieser starb so früh für ihn, daß er sich seiner
kaum zu erinnern wußte. Er kam früh von Haus in
Pensionen. Mit dem 13. Jahr wurde er Page bei dem
König Georg II. und that als solcher Dienst. Mit 16
Jahren trat er als Cornet bei dem schweren Cav.-Rgte.
Wangenheim ein. Hier machte er den siebenjährigen Krieg
mit, wohnte den Schlachten bei Minden und Hastenbeck
bei, wobei er eine schwere Blessur am Kopfe erhielt. Er
wurde später Escadronschef bei dem 9. Dragoner-Regte.
der Königin, wovon der Stab zu Isernhagen lag, avan-
cirte im Regte. bis zum Obersten, nahm als solcher 1796
den Abschied und bezog ein von ihm gekauftes Landgut zu
Döhren bei Hannover, wo er an den Folgen eines unglücklichen Falles, wodurch die Nieren tödtlich verletzt waren,
am 22. Juli 1810 starb. Am 30. October 1785 verheirathete er sich mit Frl. Julie Dorothee Breden,
und im Jahre 1808 den 1. November wurde ein Sohn
geboren, August Friedrich Carl Georg von Rhoeden, der
Schreiber dieses. Mein seliger Vater war in seinen jungen
Jahren mit einer Fräulein von Woitken, von der bekannten
alten pommersch-mecklenburgischen Familie, verlobt. Dies
Verhältniß löste sich aber nach vierjährigem Bestehen wieder
auf, und er verlor alle Neigung sich zu verheirathen. Jedoch
gab er diesen Entschluß auf, wie er meine selige Mutter
kennen lernte, da sein Herz so innig zu ihr hingezogen

ward, daß er ihr seine Hand anbot, welche sie annahm,
und selten hat es wohl eine glücklichere Ehe gegeben, wie
zwischen ihnen beiden, da die Liebe und Verehrung zwischen
zwei so vortrefflichen Charakteren die Herzen mit unauf-
löslichen Banden umschlungen hielt. Mein seliger Vater,
hatte die Hoffnung einen Sohn und Fortführer seines
Stammes und Namens zu erhalten schon längst aufgegeben,
und deshalb seine Dispositionen so gemacht, daß nach dem
Ableben seiner Frau, das Vermögen in zwei Theile fiele,
wovon der eine, der damals zahlreichen preußischen Linie
zufallen, und von dem andern Theil eine Stiftung zu
Stipendien für 3 unvermögende Officierssöhne, unter dem
Namen der Rhoedenschen Stiftung, geschaffen werden sollte
als es Gott gefiel ihm 2 Jahre vor seinem Tode den
langgehegten Wunsch zu erfüllen, und ihm noch einen
Sohn schenkte.

Eine ganz seltene Erscheinung ist es in unserer Familie, und kommt es gewiß sehr selten, vielleicht gar nicht
in der Consequenz vor, diese Geburten in so späten
Lebensjahren der Väter. Meine Geburt ist der 4. Fall
in den vorhergegangenen letzten vier Generationen:

1. Adam v. R. hatte 3 Frauen, und mit der 3. v. Brandt
   hatte er erst Söhne und zwar fünf, wovon Caspar
   Adam der 4. Sohn war. Adam war bekanntlich
   der letzte des ganzen Geschlechtes.

2. Caspar Adam v. R. hatte mit seiner zweiten Frau
   geb. Lützow, bis in sein 70. Lebensjahr noch Kinder.

3. August Friedrich hatte mit seiner zweiten Frau
   geb. v. Witzendorff noch 2 Söhne, wovon der erste
   ihm im Alter von 70 der zweite mein sel. Vater
   im vollendeten 72. Lebensjahre geboren wurden.

5*

4. August Friedrich Ludwig, mein sel. Vater, hatte das 69. Lebensjahr vollendet, wie ich August Friedrich Carl Georg das Licht der Welt erblickte.

Dieses sehr merkwürdige physiologische Vorkommen in der Familie[1], scheint aber nicht allein in den neueren Zeiten in den Vordergrund zu treten, sondern es hat auch schon in den älteren und ältesten Zeiten stattgefunden, wie man aus den Familien-Nachrichten des Domherrn A. v. Rhoeden und aus dem Generationsnexus ersehen kann. Im gewöhnlichen Falle würden in dem Zeitraume vom Jahre 1192 von Conrad I. dem Vertriebenen bis jetzt 24—26 Generationen erscheinen; es sind aber nur 18 Generationen. Daher kommt es auch, daß ich selbst von Jugend auf gänzlich allein, und so zu sagen entblößt von väterlichen nahen Blutsverwandten gestanden habe, da zwischen mir und meinen längst verblichenen Onkel's, Vettern, Tanten u. s. w. mehr Zeit wie ein gewöhnliches hohes Lebensalter lag. Mein seliger leiblicher Cousin unter Andern, der vortreffliche Georg Friedrich v. Rhoeden, Major bei dem 4. Cav.-Regimente, starb zu Harburg anno 1791 im 59. Lebensjahre, während ich erst 17 Jahre später geboren wurde. Er war der Neffe meines sel. Vaters, und war 4 Jahre älter wie dieser sein Onkel. Mein sel. Vater schreibt an einer Stelle in den Familienpapieren, worin er von dem Hinscheiden seines Vaters, des Gen.-Lieut. August Friedrich spricht, welcher ebenfalls zwei Jahre nach seiner Geburt starb, „Daher ich nicht weiß wie

---

[1] Zu bemerken ist auch, daß diese drei Spätlinge alle im Spätherbst und zwar auf den 1. der beiden letzten Monate, zwei, Caspar Adam und August Friedrich Ludwig auf den ersten December, und ich Georg Friedrich Carl August auf den 1. November geboren sind.

einem Kinde zu Sinne ist, daß seinen Vater gekannt hat. O, wie oft habe ich dies seit meinen Kinderjahren bis heute schmerzlich empfunden! — Mein Vater hatte aber noch Brüder, Vettern, aber ich hatte von der ersten Kindheit an nur meine alte gute Mutter, und deren Schwester, meine vortreffliche noch ältere Tante, Fräulein Eleonore Breden, die mir ewig unvergeßlich ist, und die mich so innig liebte, und deren Andenken mir bis zum letzten Athemzuge heilig sein wird. Deßhalb meine lieben Söhne und meine lieben Töchter, erkennt, wenn ihr dies lesen werdet, darin das Glück mit Dankbarkeit gegen Gott an, welches Euch geworden, im Gegensatz zu Eurem Vater, dann wird Euch Manches in Bezug auf mich klar werden, welches Euch bis jetzt unverständlich war!"

1808. 17. **August Friedrich Carl Georg**, (der Schreiber dieses) geb. Nov. 1., verheirathet seit 1834 Aug. 17. mit der Fräulein Adolphine Marie Julie von Campe aus dem Hause Isenbüttel, geb. 1814 Oct. 11. In dieser Ehe sind 7 Kinder, 4 Söhne und 3 Töchter geboren.

1. **Mathilde Eleonore Julie Amalie**, geb. 1835, Oct 26., verheirathet an den Rittmeister Adolf von der Wense, Sohn des Landdrosten Herrn von der Wense auf Holdenstedt, Mörse und Hattorf, (hat 5 Kinder 4 Söhne und 1 Tochter) wurde in Hoya geboren.

2. **Ascan Hans Georg Carl**, Oberlieutenant im k. k. österr. 8. Cürassier-Regiment Prinz Carl von Preußen, geb. 1837 Aug. 15. in Hoya.

3. **Robert Hans Georg Conrad**, geb. 1838 Nov. 20. Oberlieutenant im k. k. österr. 4. Uhlanen-Regiment Kaiser Franz Joseph. In Hoya geboren.

4. **August Friedrich Wilhelm Dufer**, geb. 1840,

April 29., in Hoya, Lieut. im königl. hannoverschen
Garde-Regimente.

5. **Caspar Adam Ernst Otto Christian**, geb. 1842,
in Hoya, Jan 11., Lieutenant im königlich hannoverschen Garde-Regimente.

6. **Marie Louise**, geb. 1844, Aug. 24., in Hoya.

7. **Anna Malwine Auguste Adolphine**, geb. 1845,
Dec. 25., in Limbach bei Chemnitz, im Königreich
Sachsen, welches Gut im Jahre 1851 verkauft wurde.

Am 18. Juli 1863 verheirathete sich Hans Georg
Carl Ascan von Rhoeden mit Fräulein Stephanie
Louise, Tochter des Herrn Johann Heinrich Baur, Dr.
b. b. R. zu Hamburg. Am 20. Mai 1864 wurde zu
Othmarschen, Herzogth. Holstein, ein Sohn in dieser
Ehe geboren, der die Namen Conrad Adam Auguste
Ascan Heinrich in der heil. Taufe erhielt.

Gott erhalte diesem Kinde Leben und Gesundheit, verleihe ihm Verstand und einen guten Character und lasse
ihn als späteren Senior des Geschlechtes ein hohes und
gesegnetes Alter erreichen, und die ihm dermaleinst durch
die Munificenz seines Herrn Großvaters mütterlicher Seits
zufallenden Güter, seinem Stamme treu und gewissenhaft
bewahren.

Caspar Adam Ernst Otto Christian von Rhoeden
verlobte sich im Frühjahre 1863 mit der Hofdame der
regierenden Fürstin zur Lippe, Durchlaucht, Fräulein
Hertha v. Kerssenbrock, in Folge dessen ihm von Sr. Durchlaucht dem Fürsten, die Kammerherrnwürde und zugleich
die Schloßhauptmannsstelle zu Detmold angeboten wurde,
worauf er seinen Abschied aus hannoverschem Militairdienste, nahm, jene Hofstelle im Mai 1864 antrat und

sich am 3. November 1864 zu Helmstorf bei Eisleben, auf dem Gute des Onkels seiner Frau, des Baron Bernhard von Kerssenbrock, k. preuß. Landraths, verheirathete. Ich kann nicht umhin, hierbei noch auf gleiche Schicksalsfügungen zwischen meinem Urgroßvater und meinem Sohne aufmerksam zu machen. Beide hießen Caspar Adam und waren die vierten Söhne. Beide verließen ihr Geburtsland, nahmen bei einem fremden Souverain Hofstellen und heiratheten eine Frau aus dem Lande wo sie sich niederließen.

Im Februar 1864 hat sich Marie Louise von Rhoeden mit Hans Gudewill, k. hannov. Cavallerie-Lieutenant, Sohn des Major a. D. zu Celle, verheirathet.

Cap. II.

Bei dem Kaufe des Mannlehnguts Limbach bei Chemnitz im Königreich Sachsen im Jahre 1845, durch den Freiherrn August Friedrich Carl Georg von Rhoeden, von dem Grafen Georg von Wallwitz, wurde die Berechtigung der Rhoeden-schen Familie, zur Bezeichnung des Ursprunges ihres Stammes, sich des Freiherrntitels zu bedienen, da auch noch einer ihrer Vorfahren nach der Auswanderung des Geschlechts aus den ursprünglichen Stammlanden Braunschweig-Lüneburg, nach der Mark, Uckermark, Neumark und Pommern, im Jahre 1192, in der Person des Conrad von Roden oder Roeden in der Perleberger Urkunde (siehe Urkunde I.), vom Jahre 1303, in der dynastischen Benennung als „edler man" oder vir nobilis bezeichnet wird, dadurch anerkannt und sanctionirt, daß die, mit erfolgter Allerhöchster Genehmigung Sr. Majestät des Königs von Sachsen, Friedrich August II., stattgefun-

dene Belehnung unter dem Titel Freiherr, an den Käufer des
Mannlehngutes Limbach, bei dem königl. sächsischen Apellationsge-
richte, als hoher Lehnshof zu Dresden, im April 1848 vollzogen
wurde.[1]) —

Hiernach ist also die Rhoedensche Familie berechtigt, sich des
Freiherrntitels zu bedienen, da sie in einem deutschen Lande, durch
den Landesherrn und seinen Lehnshof unter dieser Bezeichnung in
dem Lehnbriefe dazu anerkannt ist. Will sie aber hier im Lande,
aus dem sie stammt und wo sie wohnt, und fortwährend im Unter-
thanenverbande verblieben ist, officiell zur Führung des Titels berechtigt sein, so bedarf es dazu hier noch einer ausdrücklichen Er-
laubniß des Landesherrn. Ich habe es aber bis jetzt unterlassen,
darum nachzusuchen, da es der Familie gleichgültig sein kann, ob
sie sich hier des Titels bedienen wird oder nicht, weil hier durch-
aus kein Rang oder Standesvorzug daraus hervorgeht. Anders ist
es aber in einigen andern deutschen Ländern, namentlich in Oester-
reich, weil dort erst der Freiherr zum Herrnstande und höheren Adel
gehört, weßhalb auch Ascan und Robert Freiherrn von Rhoeden,
ein königl. sächsisches Belehnungsattestat bei den Stammrollen ihrer
Regimenter deponirt haben, um sich dort officiell in dieser Weise
anerkennen zu lassen, welches bekanntlich auch geschehen ist. —

Anhang

zur

Rhoeden'schen Familiengeschichte.

Lebenslauff, gutes und böses in meiner Walfarth.

Ich, Caspar Adam von Rhoeden, bin geboren in der Mark Brandenburg in meines seligen Vaters Adam von Rhoeden Hause, zur Winningen, den 1. December 1629, und bald zur heil. Tauffe befördert worden. Wie nun darauf schwere und langwierige Kriege erfolget, daß auch meinen sel. Eltern die Mittel zum Studieren ganz benommen wurden, und etliche Jahre in Cassuben sich aufhalten mußten, wurde ich endlich zur Schreibe und Rechnenschule gehalten, biß ich mein 12. Jahr erreichte, daß ich nachgehends in der Haußhaltung und Wildbrett zu schiessen mich begunnte zu üben. Im 15. Jahre meines Alters, hat mich mein sel. Vater zu dem Churfürstl. Brandenburg. Oberförster in der Mittelmark, Herr Jost Friedrich von Brandt, alß einen berühmten Jäger gebracht und überantwortet, bald darauf ward ich an den Berlinischen Hoff genommen, und ihrer Churfürstlichen Durchlaucht Friedrich Wilhelm vor einen

Jägerpagen biß ins 7. Jahr unterthänigst aufgewartet. Als ich nun Belieben trug in der Frembde mich etwas umzusehen, und die Löbl. Jägerey aus dem Fundament zu lernen, gänzlich beschloß, bekam ich sonderlich Belieben mich mit den Auerochsen, Elend, Bären und Luchsen bekannt zu machen. Da Ihre Durchlaucht als mein gnädigster Landesherr solches vernommen, haben Sie mich anno 1651, an Ihre Königl. Majestät Johann Casimir recommandieret, darauf nach Abschiednehmung bei den lieben Meinigen, meine Sachen auf einen Kaufmannswagen nacher Dantzig verdungen, durffte mich wegen damaliger Unsicherheit mit meinem Pferde nicht weit von die Wagens machen. Von Dantzig ab, bin ich mit guter Schlittenbahn, in drittehalb Tagen zu Königsberg in Preussen glücklich angelangt, bekam allda Nachricht, daß der königl. Polnische Oberjägermeister Eberhard von Mülheim auf seinem erkaufften Gute 5 Meillen von Königsberg (Strypcen genannt) aufhielte und unterschiedliche Brieffe an den von Mühltheim abzugeben hatte; wie nun solches abgeleget, bate ich mich ferner an Ihre königl. Majestät zu recommandieren und beförderlich zu sein, ward aber von demselben getröstet mich zu gedulden; inzwischen könnte ich mich in den preußischen Wildnüssen, und allda bey den vornehme wohnenden Jägern auch bekannt machen, auf Früling wolle Er Ihre Königl. Maj. folgen, wo Sie auch anzutreffen wären; da in meinem Besten zu seyn von ihm nichts ermangeln sollte, solches ließ ich mir mitgefallen, und gebrauchte mich inzwischen der pölnischen Wind- und churländischen Jagdhunde. Nachgehends kamen Ihre Maj. mit dero Hofstatt in Oberlittauen nachher Grodno, woselbst mit dem vorerwähnten Oberjägermeister auch anlangte. Da nun Ihre Königl. Maj. das Churfürstl. Schreiben verlesen, wird mir angesaget, daß der König würde in den Schloßplatz gehen etliche Pferde zu beschauen, rief mich der Hofjägermeister zu sich hervorzukommen, und vor den König hinzutreten, da reichten mir Ihre Maj. die Hand; Ich aber hatte schon die

polnische Reverenz observieret, und lief zu, fiel Ihrer Maj. zum
Füßen, küßete den Rock, da strichen sie mir mit der Hand über den
Kopff, und hießen mich auffstehen, befahlen alsofort dem Hoffjäger-
meister und gewesenen Obristen Dietrich von Maydell mich zu sich
zu nehmen, bis ich etwas der Sprache kundig würde, alsdann
weiterer Verordnung gewärtig sein sollte. In wehrender Zeit sich
der König in Oberlittauen und Rußland enthielten, und willens
waren einige Hauptjagten in der vornehmsten Wildnuß bey Bijalla-
risch zu halten, wozu alle deutschen Jäger gebraucht werden sollten,
maßen solches kein Pole verstehet, bin ich mit den deutschen Jägern fleißig geritten, und den Unterschied der Führte von Hirschen,
weil sie allda ungleich größer, wie in Deutschland mit Verwunde-
rung gespüret, vielmehr habe der Elende, Auerochsen Spur wol observieret, und da ich unterschiedliche zu sehen bekam, mich selbst er-
lustiget.

Der Muscowiter aber machte der Cron Polen so viel zu
schaffen, daß damals Ihre Majestät die Jagden einstellete und
ließen nur etliche Hauptstücke schießen, und eileten nach Warschau
auf den Reichstag. Weilen aber zu Warschau die Pest sehr über-
hand nahm, ward der Reichstag in Rußland nachher Brescht ver-
läget woselbsten sehr wohlfeil zehrent war, auch der König als ein
großer Liebhaber des Hetzens ziemlichen Spaß hatte, manchen Tag
zu 30—40 Hasen auch einesmahls 6 Wölfe, 1 Bären, 1 Luchs
mit Winden- und Jagdhunden gefangen haben. —

Anno 1653 ward wieder Ein Reichstag in der Königl. Resi-
denzstadt Warschau angesetzet, woselbst ich damalen in ein nicht
kleines Unglück gerieth; daß nemlich meines Jägermeisters Cammer-
diener ein Deutscher, mit einem polnischen Rittmeister in Streit
kam, und ich ansehen wollte, wie es ablauffen würde, fielen acht
polnische Edelleute auß einem Hause auf mich zu, ehe ich meinen
Degen gezogen; mit geblößten Säbeln, und hieben mich unschuldig

zu Boden, und wenn ich nicht den linken Arm zum Besten gegeben, der mir 3 mal entzwei gehauen ward, wäre ich auf der Stelle ermordet, denn mein Hut und Rock so zerfitschet, aber nur eine Wunde im Kopfe, welches Wunder war. In diesem Tumulte kamen des Königs Trompeter, so meist Deutsche waren, mir zu Hülffe und gaben mir einen blossen Degen in die Hand, da ertappte ich den Polen, an einem Eckhause, der mir die letzte Wunde in den Kopff gab; wiewol der Hund zum Vortheil mit dem Rücken an der Wand stand, verhieb Er sich dennoch also, daß er meine Stickade 2 mal zu kosten bekam, und den Säbel sinken ließ; da rissen mich die Trompeter zurücke und brachten mich zum Hoffeldscherer, welcher nicht wenig erschrak, da Er sahe, daß der Ellenbogen im Glied entzwey, und der Wirbelknochen an der Haut hing, schnitte Er denselben alsofort herunter, so auch noch in der scatul vorhanden, und nam etliche Knochen aus den 3 Wunden, so er dasmal finden konnte, heraus, und nähete mit einem schwarzen seidenen Faden die Wunden zu. Nun war dieses noch ein Glücke, daß es am hellen Tage nemlich den 3. Pfingsttag Abends umb 7 Uhr geschahe, und alle Leute so es gesehen hatten bekennen mußten, daß ich unschuldigerweise in diese Händel gerathen, und man mir nichts beimessen konnte; Alß erboten sich Ihre Majestät, weilen die Thäter alle ausgewichen waren, So gnädig und schon wissent, daß sie des Kron-Stallmeisters Leute waren gewesen, und keine revangie besser haben könnte, als Geld zu nehmen, Fordern sollte, wurde demnach auf 1000 Fl. Polnisch verglichen, und versprach mir der Kron-Stallmeister solches zu schaffen. (Der Domherr Ascan v. Rhoeden sagt in seinen Familien-Nachrichten, Caspar Adam habe aber das Geld aus generosité später nicht angenommen.)

Was ich aber im halben Jahre auf der Krakauschen Vorstadt im Jägerhause, vor Schmerzen daran ausgestanden, da sie mir den Arm abnehmen wollten, und vor dem Knie wieder entzwei brechen mußten, gebe ich zu erkennen. — Wie ich nun ein wenig zu Kräften kam, und wieder reiten konnte, ließ ich den König durch den Herrn Jägermeister unterthänigst ersuchen, Ihre Maj. möchten die Gnade haben und mich wehrhafft machen, wie denn auch geschahe. Hatte Belieben mich wieder in Deutschland zu begeben, zumahlen das Nachtmahl zu empfahen, und gute Trostpredigten zu hören, fast wenig zu erhalten stund; und die Jägerei ward wegen des Moscowiters, so dazumahlen die vornehmste Festung Smolensko an der Dnieper wegnahm, nicht gehandhabet, bat derowegen Ihre Maj. möchten mich wieder mit einer Vorschrift begnadigen, bekam aber dasmahl noch keine Resolution, bis wir wieder nach Grodno in Oberlittauen kamen, daselbst ich den Herrn Oberjägermeister von Mühlheim antraff. Demselben zeigte ich nicht allein alles, wie mirs gangen, sondern bate ferner um meine Erlassung. So ließen mir Ihre Maj. durch ihn sagen, es wäre Ihr mein gehabtes Unglücke sattsam bekannt, sollte mir aber versichert halten, wofern ich Belieben trüge mich in Kriegsdienste einzulassen, wollte sie sofort Unter Dero Leibgarde einen Fähnrichs-Platz (Majorsrang) geben lassen, und alle mögliche Beförderung erweisen.

Der von Mühlheim sagte aber dieses dabey, ich sollte mich gar wohl bedenken, der König hätte sich gänzlich fürgenommen, den ganzen Winter vor dem Feind im Lager zu stehen, vor's erste wäre ich noch nicht gänzlich verheilet, 2. wäre an dem Orte heftige Kälte und wenige Lebensmittel, 3. rieth er mir die Jägerey nicht zu verlassen, und konnte noch alle Zeit ein Soldat werden.

Diese rationes ließe ich mir mitgefallen; Ihre Königl. Majestät entließen mich und gaben mir wiederumb ein gar gnädiges Schreiben, welches ich zuvor zu lesen bekam, an Ihre Churf. Durchlaucht zu Brandenburg. Nahm demnach meine Reise bey guter Schlittenbahn vor, kam in geringer Zeit durch Littauen, Preußen, Cassuben, Pommern bis in die Neumark mit einem Schlitten bis auf Meinen da-

mahlen noch lebendigen lieben, alten Elternhoff, woselbsten ich schon
vor'm halbem Jahre tod, und zu Warschau begraben seyn sollte.
Da war die Freude desto größer, und ruhete den Winter bis auf
Ostern sein aus, darauf Anno 1655 machte ich mich nacher Berlin
und übergab mein Königl. Schreiben Ihrer Churfürstl. Durchlaucht
selbst, wie sie aus der Kirche kamen, ward sofort an den Herrn
Oberjägermeister v. Harttenfeld verwiesen; Wie er mich wohl tractieret
hatte, begunt Er zu fragen, ob ich Lust hätte ein Krieger zu werden,
denn Ihre Churf. Durchl. gesonnen nicht allein die Jägerey einzu-
ziehen, sondern wären im Begriff mit Dero ganzen Armade in
Preußen und Pohlen zu gehen, und würden Durchl. auf's beste sie
könnten, wol accommodieren, oder aber begehren würde, nur einen
Hoff zu nennen: Vorschrift zu nehmen, wollten J. Churf. Durchl.
eine an den Celleschen Hoff, so gut sie's nur durch einen Canzellisten
könnte aufsetzen lassen, Bestermaaßen recommendieren. Solches
ging auch schleunig von Statten. Kam eben zur rechten Zeit kurz
vor der Hirschfeist nacher Zelle war von Ihrer Churfürstl. Durchlaucht Herzog Christian Ludwig nunmehro hochseligen Angedenkens
vor Einen Hoff- und Jagdjunker gnädigst auff und angenommen.

Wie ich nun ein Jahrer 4 die Berge am Harze und Land
Lüneburg Moraste ziemlich gestiegen, und mir vom Oberjägermeister
von Wangenheimb, und andern von meinen Freunden, Eine Gelegenheit in Ostfriesland bey dem Fürsten zu Aurich, Jägermeister zu
werden, vorgeschlagen, darauf suchte ich Gelegenheit mit Ihrer Durchl.
selbsten davon zu reden, so erklärten sie sich dergestalt, Sie zweifelten,
daß ich's bey dem Herrn treffen würde, wollten mir aber darin nicht
zuwider, sondern vielmehr behülflich seyn, und zudem sollte meine
Stelle wehrender Zeit offen bleiben, und mir wieder zu kommen
frey stehen. Ich machte mich auff, kam hin nach Aurich, ließ mich
bey Hoffe anmelden, wurde auch alsbald zur Fürstl. Tafel gefordert.
Nachgehends begehrten J. F. Gnaden mit nach dem Jägerhoffe zu

gehen, da sahe ich alsofort, daß die Jägerey blos in per force
Jäger- und Hunden bestände, gedachte ich schon wieder zurück nach
Zelle blieb auch nicht länger als 6 Tage dort, bekannte nicht einmal
was mein Anliegen wäre und reisete den 8ten Tag wieder meine
Straße. Kam aber eins glücklich nach Zelle an.

Sobald mich J. Durchl. ansichtig wurden, sagten Sie, solches
hätten Sie wol propheceyen können; mußte zum Willkommen ein
ziemlich Glaß austrinken.

Anno 1660 begunte ich mit Freyersgedanken umbzugehen,
und deuchte mir nichts besseres als im Heiligen Ehestande zu seyn,
und solches werkstellig zu machen. Nach meiner Heimath hatte ich
keine sonderliche Lust; und von meinem Dienste eine Frau zu ernähren,
war auch mißlich, quälte mich also mit dem Gedanken eine Zeitlang
hin. Endlich gedachte ich, Du willst dem höchsten Gott vertrauen,
der wird Dir Alles lehren. Bin darauf anno 1662 mit Einrathung
guter Freunde und mit Vorbewußt meiner Eltern und Brüder zur
Ehe geschritten, (solches weitläuftiger in meiner Liebsten Bibel und
wie viel Kinder geboren, aufgezeichnet zu finden ist). Anno 1665
den 15. Martii seynd Ihre Hochf. Durchl. Herzog Christian Ludwig
von dieser Welt geschieden, und ohne Erben gestorben, aber nicht
wenige betrübte Diener hinterlassen. Denselbigen Abend haben mich
J. Hf. Durchl. Herzog Johann Friedrich in Dero Gemach fordern
lassen und wiederumb in Dienste genommen, und mit nacher Hannover gangen, und fast ein Jahr zum Vorschneider gebraucht worden. Anno 1666 bin ich von beyderseits gn. Herrschaft, Herzoge
Augusto zu Wolfenbüttel und Herzog Johann Friedrich J. Durchl.
vor einem Communion Oberförster am Ober- und Unterharz be-
stället und angenommen worden, vor's Erste in der Bergstadt Lautenthal, drittehalb Jahr gewohnet.

Anno 1668 nach Martiny nacher Seesen in mein neuerbautes

Hauß gezogen. Der getreuste Gott und Vater, wolle ferner seine Gnad und Segen umb Christi Willen verleihen u. s. w.

(Er erhielt am 26. Juny 1690 das Prädicat von Oberforst-meister und starb als solcher 1711.)

Der Domherr Ascan von Rhoeden führt in seinen Familien-nachrichten aus den Papieren seines verstorbenen Bruders des Cammerjunkers Adam v. R., das Nachfolgende über Caspar Adam von Rhoeden an:

„Der vierte Sohn des sel. Großvaters Adam's von Rhoeden so er mit Frauen Marien von Brandt erzeuget hieß Caspar Adam. Als die seel. Frau Großmutter mit demselben schwanger gegangen, träumet ihr, Sie gebäre eine Eiche mit weißen Blättern; da sie nun dießfalls sehr besorgt war, und ihrem Beicht-vater solches eröffnete, sprach er ihr einen Muth ein, und sagte sie solle sicher glauben, daß dieses Kind so sie gebären würde, ein Sohn seyn würde, der groß und ansehnlich in der Welt werden, und sich vom Walde nähren auch dabei ein großes Alter erreichen würde. Dieß Alles ist würklich in seine Erfüllung gegangen. Denn als König Johann Casimir in Pohlen ihn zum Pagen angenommen, und ihm sowohl die Jägerey als Falconier-Kunst erlernen lassen, auch seiner Geschicklichkeit halber viel Gnaden erwiesen, hat er den Grund zu künftiger fortuno in dieser Profeßion geleget. Ob er nun zwar deswegen von einigen jungen Pohlnischen von Adel nicht allein beneidet, sondern auf unerlaubte Art, durch viele zugleich attaquiret worden, in der Meynung ihn in Stücken zu hauen, welche auch ihn sehr übel zugerichtet, so hat er sich doch trefflich gewehret, und da der König die Thäter condemniret, ihm eine ansehnliche Geldtbuße zur Straffe, weil er am linken Arme lahm geblieben, zu erlegen, hat er selbige aus Generosität nicht nehmen wollen, sondern sich, nachdem Jhro Königl. Maj. ihn wohl beschenket und in Gnaden dimittiret, in Sicherheit bringen lassen. Worauff er von dem Berlinischen Hoff (an welchem seines Vaters Bruder Herr Duser von Rhoeden vormahls Cammerherr gewesen, an den Zellischen recommandiret worden, und bey Herzog Christian Ludwig und dessen Herren Brüdern und Vettern, nehmlich Herzog Johann Friedrichen und hernach bey Herzog George Wilhelm zu Zelle, desgleichen bey Herzog Rudolff Augusten und Herzog Anton Ulrichen zu Braunschweig und Lüneburg in H. f. Jagdbiensten getreten, und ist lange Zeit Oberförster gewesen, hernach aber Communion-Oberforstmeister bey den hohen Chur- und Hochfürstlichen Häusern geworden, welche Chargen er etliche 50 Jahre in beständigster Gnade seiner hohen Herrschaften bis an das Ende seines Lebens rühmlichst verwaltet.

Hierüber hat er in seinem achtzigsten Jahre eine überaus gesunde und rothe lebhafte Farbe bey Silberweißen Haaren gehabt, denn er sehr starker Natur und von einem muntern und lebhafften humeur war, und in so späten Jahren mit dem jüngsten Mannsbilde in die Wette laufen können.

Seine Revenues und accidentien hat er auf 3000 Rth. jährlich bringen können, ist also des alten Runowschen Predigers Prophezeyung oder Erklährung des Traumes vollkommen eingetroffen, woraus denn zu schließen, daß nicht alle Träume zu verwerfen sind. —

Genealogie des Junkern Caspar Adam v. Rhoeden.

Er ist entsprossen aus dem alten Geschlechte derer v. Rhoeden, die über 400 Jahr in diesem Lande undt Dörffern Runow und Winning Ihre Adeliche Ritterschaft gehabt. —

Der Vater ist der Hochedelgebohrner Gestrenger und Manvester Adam von Rhoeden auf Runow und Winningen Erbgesessener.

Die Mutter ist die Hochedelgeb. Fraw Maria von Brandt u. d. H. Hermstorf.

Der Großvater Väterlicher Seiten ist der H. e. geb. Str. u. Manf. Georg von Rhoeden auf R. u. W. Erbsessen, ein tapfferer wollbedienter Kriegsofficier, der wider den Erbfeindt Christlichen Namens den Türken in Ungarn zu seiner Zeit eine vornehme Charge bedienet.

Die Großmutter ist gewesen Frau Barbara Borcken v. H. Wangerin.

Der Aeltervater Väterlicher Seits ist gewesen, der H. e. geb. Gestr. u. Manf. Caspar von Rhoeden a. R. u. W. Erbs.

Die Aeltermutter Väterl. S. ist gewesen die H. E. geb. Dorothea von Strauß v. H. Wormsfelde.

Der Andre Elter Vater Väterl. Linie ist gewesen der H. E. geb. Duser von Rhoeden auf R. u. W. Erbsessen.

Die ander Elter Mutter Väterlicher Linie die H. E. geb. Fraw Dorothea von Loeben a. d. H. Garchelin.

Der Dritte Elter Vater Väterl. L. ist gewesen der H. E. geb. Wichborus von Rhoeden a. R. u. W. Erbsessen.

Die Dritte Elter Mutter Väterl. L. ist gewesen der H. E. geb. Ansum von Rhoeden auf R. u. W. Erbs.

Die Vierdte Elter Mutter ist gewesen die H. E. geb. Fraw Anna von Sanitz v. H. Breitenstein.

Groß Mütterliche Linie von der Schwerdtseiten.

Der Großvater Väterlicher Spinseite ist gewesen der
2c. Daniel Borke auf Wangerin Labes undt Regenwalde Erbsessen.

Die Großmutter Väterlicher Spinseite ist gewesen die
2c. Catharina von Munckerwitzen v. H. Torgelaw im Fürsten-
thum Wolgast.

Weil nun diese beyden Geschlechter der Borken und Muncker-
witzen, wie männiglich in undt außerhalb Landes bewust, vornehme
Geschlechter sindt, erachtet man zu Ersparung der Zeit, deroselben
Ahnen, weitläufftig zu deducieren Vor Unnöthig.

Anmerkung 1. Vidantz von Muckerwitz, der Vorfahre dieser Catharine
von Muckerwitz erstach im Jahre 1295 den Herzog von Pommern in der Ucker-
münbischen Halbe, weil der Herzog, Vidantz's Abwesenheit in Polen benutzend,
der Gemahlin desselben Gewalt angethan hatte. Der Herzog war Barnim II.,
und es hat Jahrhunderte lang an der Stelle der That, zur Erinnerung daran,
das sogenannte Barnim's-Kreuz gestanden.

Anmerkung 2. Sidonie von Borke, schön, stolz und reich, war verlebt
mit dem jungen Herzog Ernst Ludwig von Wolgast. Jedoch ließ sich dieser be-
wegen das Verlöbniß zu brechen und die Prinzessin Hedwig von Braunschweig zu
ehligen. Erbittert darüber ging Sidonie in das Kloster Marienfließ. Hier machte
sie sich viele Feinde durch ihr verbissenes Wesen. In ihrem 80sten Jahre gelang
es ihren Feinden, ihr einen Herenprozeß anzuhängen, und sie wurde, nachdem sie
grausam gefoltert, im Jahre 1620 zu Stettin enthauptet, und darauf ihr Körper
verbrannt, trotzdem daß fünf regierende Herren und die angesehensten pommerschen
Adelsgeschlechter Fürbitten für sie eingelegt hatten.

Mütterliche Linie.

Der Groß Vater Mütterlicher Schwerdtseite ist gewesen
der 2c. Paul von Brandt auf Hermsdorff und Blumenfelde Erbsessen.

Die Großmutter Mütterlicher Schwerdtseiten ist gewesen die
2c. Ursula von Cramm v. H. Merentien.

6*

Der Eltervater Mütterlicher Schwerdtseite ist gewesen der
2c. Georg von Brandt v. H. H. u. B.

Die Eltermutter Fraw Scholastica von Sacken v. H.
Butterfeld.

Der Ober Eltervater Mütterl. S. s. Paul von Brandt
v. H. H. u. B.

Die Ober Elter Mutter Mütterl. Schwerdtf. Fraw Anna
geb. von Rungen v. H. Schönaw in Pommern.

Der andre Ober Eltervater M. Schwerdtseite Georg
von Brandt, welcher durch seine getreuen Dienste das Guth
Helmstorf zu Lehen erlanget. Dessen Mutter war ein Fräulein
von der Rosenburg eines Freyherrn Tochter.

Die andre Ober Elter Mutter M. Schwerdtf. ist gewesen
die 2c. Fraw Catharina von Burch v. H. Wudaw.

Großmütterliche Linie von der Mütterlichen Seiten.

Der Groß Vater Mütterlicher Spinseite ist gewesen der
2c. Asmus von Cramm auf Mehrenthien Erbsessen.

Die Großmutter Mütterl. Spinseite ist gewesen Fraw Anna
von Bornstedten v. H. Lockstelten.

Der Aeltervater Mütterl. Spins. Eccard von Cramm
Sr. Hf. Durchl. zu Brandenburg Ambts Erbhauptmann der Feste
Driesen auf Mehrenthien Erbf.

Die Aelter Mutter M. Spinseite die Fraw Gertrut von
Möhlen v. H. Karzigk.

Der Ober Eltervater M. Spins. Simon von Cramm
u. s. w.

Die Ober Eltermutter Mütterl. Spinseite die 2c. Fraw
Anna von Seidlitzen.

Testimonia nobilitatis.

Wir Dom-Probst Dom-Dechant, Senior und gesammtes Dom-Capitel der Bischöflichen hohen Stifts-Kirchen zu Naumburg uhrkunden hiermit, daß Uns der der Hochwürdige Wohlgeborne Herr, Herr Johann Asch von Rhoeden auf Kloster Zscheiplitz Runow und Winningen ꝛc., Dom-Herr, Sub-Senior und Custos des hohen Stiftes allhier, auch Gerichts-Inspector unserer Stifts-Gerichte, mündlich zu vernehmen gegeben, waßgestalt Er eine beglaubte Abschrifft desjenigen Testimonium Nobilitatis, welches Er bey seiner Reception in hiesiges hohes Stifft anno 1694, Originaliter eingeliefert, anitzo von Nöthen hätte, und zwar vor seinen Vetter, den Königl. Großbritannischen und Churf. Braunschweig-Lüneburgischen Brigadier zu Fuß Herrn August Friedrich von Rhoeden auf Almstedt, mit Bitte, Ihm solche Abschrifft in forma probante zu ertheilen.

Wann Wir dann dessen Suchen zu deferiren kein Bedenken gefunden, Alß haben Wir erwehntes Testimonium hierbey in wahrer Abschrift anfügen lassen, und lautet dasselbe von Wort zu Wort, wie folget:

„Wir Endesunterschriebene Uhrkunden und Bekennen hiermit, an Eydesstatt und, So wahr Unß Gott und Sein heiliges Wort helffe vor Jedermann, Insonderheit aber, vor Einem Hochwürdigen Dom-Capitel zur Nauenburg, welchermaßen Wir Jederzeit gehöret, auch Unß sonsten Wohl bewußt, daß die beyden Geschlechter derer von Rhoeden und Lützowen auß Vornehmen Uhralten Rittermäßigen Stamme und Stande entsprossen, wie solches bewehrte Historici von vielen Seculis her attestiren, Dahero Johann Asch von Rhoeden Sich dieser Uhralten Geschlechter, Ahnen, bei iezo vorfallender Gelegenheit, zu Bescheinigung Seines Adelichen Standes, gar wohl bedienen kann, und seynd dieselbige deren Persohnen Wir Theils selbsten wohl gekannt, folgendermaßen anher gesetzet worden, Alß:

Deſſen Herr Vater iſt Herr Hans Anthon von Rhoeden, a. d. H. Runow u. Winningen.

Deſſen Fr. Mutter iſt Dorothea Eliſabeth von Lützowen a. d. H. Hülſeburg in dem Fürſtenth. Mekelnburg.

Sein Großvater vom Herrn Vater, Herr Adam von Rhoeden a. d. H. R. u. W.

Die Groß-Frau Mutter von Herrn Vater Maria von Brandten a. d. H. Hermsdorff.

Sein Eltervater vom Herrn Vater George von Rhoeden a. d. H. R. u. W. welcher wider den Erbfeindt den Türken eine redliche Charge bedienet.

Die Fr. Eltermutter Fr. Barbara Borken a. d. H. Labeß, Regenwalde u. Wangerin.

Sein Oberältervater Herr von Herrn Vater Herrn Caspar von Rhoeden a. d. H. R. u. W.

Die Oberälter Frau Mutter vom Herrn Vater her Fr. Dorothea von Strauſſen a. d. H. Stolzenberg u. Wormsfelde.

Der 3. Elternvater von dem Herrn Vater Herrn Duſer von Rhoeden a. d. H. R. u. W.

Die 3. Elter Mutter von dem Herrn Vater Fr. Gertrud von Werben a. d. H. Salm in Polen.

Der 4. Eltervater von dem Herrn Vater, Herr Wichbor von Rhoeden a. d. H. R. u. W.

Die 4. Elter Frau Mutter von Herrn Vatter Fr. Anna von Anclam a. d. H. Stoffen.

Der 5. Eltervater vom Herrn Vater Herr Hans von Rhoeden a. d. H. Runow, Horſt u. Winningen.

Die 5. Fr. Eltermutter vom Herrn Vater Frau Gertrud von Güntersbergen a. d. H. Callies.

Der 6. Elter Herr Vater vom Herrn Vater Herr Anſum von Rhoeden a. d. H. R. u. W. hat vor beynahe 400 Jahren Rittermäßig gelebet, und sich in den polnischen Kriegen welche die Herzoge von Pommern wider die Cron Pohlen geführet als miles weitlich gebrauchen laſſen.

Die 6. Frau Eltermutter vom Herrn Vater Fr. Anna von Saniten a. d. H. Breiten und Falkenſtein.

Der 7. Herr Eltervater vom Herrn Vater Herr Duſer von Rhoeden a. d. H. Kunow und Winningen.

Die 7. Fr. Elter Mutter Fr. Margareta von Lobin a. d. H. Garchelin u. Breitenfelde.

„Zu Uhrkund alles obigen haben wir dieſes Atteſt eigenhändig unterſchrieben und mit Unſeren Adlichen Inſiegel bekräftiget. So geſchehen. In Daber den 12. Juny Anno 1693.“

Guſtav Georg von Dewih.

Daß das Geſchlecht der Herren von Rhoeden allhier in Pommern wie auch in der Mark Brandenburg von undenklichen Zeiten berühmt und in guter aeſtim geweſen, bezeugen nicht allein die Chroniken und Jahresbücher, beſonders auch die privat Nachrichten der Familie, und könnten die Ahnen noch weiter deduciret werden wenn es nöthig wäre, haben alſo dieſes mit vorgedrucktem Inſiegel und Nahmens unterſchrieben und atteſtieren wollen.

Daber den 12. Juny 1693.

Jobſt Ludwig von Dewih, hinterpommerſcher Landrath.

Caspar Heinrich von Waldau

Henning Erdmann von Kleiſt

Hans Heinrich von Humboldt auf Saſſenhagen

den 12. Juny 1693.

Daß nun Vorſtehende Abſchrift mit dem bey Unſern Actis Capitularibus vorhandenen Originali nach gehaltener fleiſiger Collation, verbo tenero übereinkommen; Solches wird hiermit unter Unſerm des Dom-Capitels hierunter gedruckten gewöhnlichen Insiegel, und meiner, des jetzigen Dom-Dechants eigenhändigen Unterschrift, uhrkundlich bekennet.

So geschehen Naumburg am 14. Januarii anno 1729.

(L. S.)   **Friedrich Wilhelm Vitzthumb v. Eckstedt,**
Domdechant allhier m. p.

———

Ein zweytes T. N. gleichlautend wie das vorige für Caspar Adam liegt bei den Familienpapieren und ist datiert mit Dankelwitz den 11. Juni 1693 und unterschrieben von

H. L. Borck, Melchior Hinrich v. Wedel, Helsatius Borch, und P. T. Borck und G. St. Borck.

———

Ein drittes T. N., wahrscheinlich für den als Cammerpagen des H. Anton Ulrich von Braunschweig Wolfenbüttel verstorbenen Henning Christoffel von Rhoeden, Sohn von Caspar Adam v. R., und seiner zweiten Frau geb. von Lützow bestimmt gewesen, da es, nach der damals herrschenden Sitte, auch bei seiner Leichenpredigt abgelesen ist. Die Genealogie der Lützows kann man aus den Stammbäumen des Domherrn Ascan v. R. ersehen.

Ein viertes T. N. liegt ebenfalls bei den Fam.-Nachrichten, welches in Braunschweig für Ascan von Rhoeden, bei dessen Aufnahme im Stift zu Naumburg anno 1694, ausgestellt war, welches so lautet:

„Wir Endesunterschriebenen, uhrkunden und bekennen hiermit, sowohl an Eydesstatt als auff Ehre und gut Gewissen insonderheit für Ein Hochw. Dom-Capitel zu Naumburg, welcher gestalt Wir in jederzeit gehöret, auch sonsten wohl bewußt, daß die von Rhoeden und Lützowen eine geraume Zeit hier im Braunschweigischen gewohnet, und vor etzlichen Hundert Jahren schon in der Mark und Mekelnburg florieret, auch Dero Ahnen auf ihren Begräbnißen haben lesen hören, daß solche uhralte Familien von Rittermäßigem Stande geboren undt entsprossen, wie denn solches bewehrte Historici von Vielen seculis her attestieren; Und also der Wohlgeborne Herr Ascanius von Rhoeden dieser Uhralten Geschlechter und seiner Ahnen, bei itzo fürfallender Capitular-Gelegenheit zu seines Adlichen Standes Bescheinigung, sich gar wohl bedienen könne; Alß sind derselben Personen theils selber wohl bekannd und folgendermaaßen hierher gesetzet worden:"

Folgen die Stammtabellen und dann der Schluß:

„Und obwohl diese beiden uhralten Geschlechter und deren Adliches Herkommen, weitläuftiger könte erzehlet werden, So erachtet man solches für unnöthig, weil genugsam bekannt daß solche bei die 500 Jahr florieret und berühmt gemachet, weßhalben dieses zum genughafften Gezeugniß beschloßen, und folglich unterschrieben worden.

Braunschweig den 20. Augusti anno 1694.

    (L. S.) **Caspar Adam v. Rhoeden.**

    (L. S.) **Julius Philipp v. Diepenbrouck,** Major

    (L. S.) **Jacob Ludolff v. Bredow.**

    (L. S.) **Bernhard Siegmund von Dewitz.**

               (Gerichtlich attestiert.)

Hiermit beschließe ich für jetzt das Manuscript. So Gott will, wird dasselbe bei gefundenem reichhaltigen Material durch mich selbst oder durch Euch, Ihr Söhne, später in vollständigerer Weise ergänzt, oder ein Nachtrag geliefert werden. Ein jeder unseres Namens hat die Pflicht, nichts unbemerkt zu lassen, was die Familiengeschichte ergänzen und vervollständigen kann, um den Familiengeist der Nachkommenschaft einzuflößen und wach zu erhalten. Schwindet dieses Gefühl, so geht es mit unserm Geschlecht nach und nach niederwärts, es verliert die Stellung die ihm das Schicksal angewiesen und geht bald zu Grunde. Der moralischen Niederlage folgt zuletzt auch die materielle. Seit 1789 bis heute ist es das Hauptbestreben der revolutionairen Parthei den Adel zu vernichten. Da die Probe mit der Guillotine mißlungen ist, so sucht man dies durch feinere Mittel zu bewerkstelligen und ist auch so weit damit gekommen, daß man in den Massen den Geist der Nichtachtung gegen alle Autoritäten, sie mögen Namen haben, welchen sie wollen, erweckt hat.

Seid daher, meine lieben Söhne und Enkel, loyal, einig und klaren Sinnes; loyal Eurem geborenen Führer, dem Fürsten Eures Landes, einig unter Euch in Euren Standesansichten in und mit Euch selbst, damit Ihr mit klarem Sinne es richtig auffaßt, wie grade das unerschütterliche historische Standes- und Familienbewußtsein Euch die Fähigkeit giebt, nach allen Seiten hin fest und gerecht zu sein, und Eure Lebensstellung ohne Hochmuth, Eitelkeit und Selbstüberschätzung stets inne zu halten; Eure Nachkommen werden Euch dann eben so dankbar sein, wie wir dies unsern ehrwürdigen Vorfahren sind, die unsern alten, ehrlichen und geachteten Namen uns unbefleckt hinterlassen haben. Sic sit. —

Verden, im August 1864.

Georg Friedrich Carl August v. Rhoeden.

Wappen und deren Beschreibung der Grafen von Rhoden, Wunstorfer-, Lauenröder- und Limmer-Linie und der Herren von Rhoden oder Rhoeden aus dem Hause Runow und Winningen.

1. und 2. Urstammwappen der Rhoeden oder Rhoden in Braunschweig-Lüneburg, später in der Mark, Uckermark, Neumark und Pommern, so wie der Lauenröder-, Wunstorfer- und Limmer-Linie vor Aufnahme des Löwen, bei der letzteren im 12. Jahrhundert, und des Blätterwerkes der ersteren, in den Schildern, im 15. Jahrhundert.

Zedler und andere behaupten, daß die Rhoden oder Rhoeden schon zur Zeit Carls des Großen, auf Schildern, Standarten u. s. w. als gemeinschaftliches Zeichen ihres Stammes die rothen Querbalken im weißen Felde geführt hätten. Im 12. sec. wo die eigentlichen Wappen erst aufkamen, wie behauptet wird, erhielt Conrad I., der treue Freund des Herzogs Heinrich des Löwen (Vater des Grafen Conrad II., welcher letzterer, wie früher erzählt, zur Zeit der Erstürmung von Peine, auf Seiten des Herzogs gegen den Kaiser stand, also nicht zu verwechseln mit unserm Stammvater Conrad), nachdem, da die ältere Linie der Grafen von Rhoden ausgestorben war, und da (nach Cord Rothes Chronik v. J. 1156) in diesem Geschlechte Todtheilung stattfand, die vom Herzog selbst in Besitz genommene Grafschaft Leuenrode, als Lehen. (Siehe Dr. Brönnenbergs Sammlung zur hannoverisch-braunschweigischen

Geschichte, Seite 42). Dadurch kam der rothe Löwe in das Schild. Die Lauenroder Linie führte den reißenden Löwen über 4 rothen Balken im weißen Schilde, die Wunstorfer Linie, bis zu ihrem im Jahre 1533 mit dem Tode des Grafen Georg erfolgten Erlöschen, den ganzen rothen Löwen auf den 3 rothen Balken im weißen Schilde. Die Geschlechtsgenossen hingegen und unser Stammvater der Peiner Conrad von Rhoden oder Rothen und dessen Nachkommen in der Alt- und Neumark und Pommern behielten unverändert den alten dreimal quer roth gebalkten weißen Schild, welcher in Folge der That des Ansus von Rhoden, von da an mit Blätterwerk bekränzt von den Nachkommen geführt wurde.

Als Helmzierde führten die Grafen von Rhoden in beiden Linien den reißenden halben rothen Löwen.

3. 4. u. 5. Unser Stamm, welcher mit unserm Stammvater Conrad von Rhoden, nach dem Fall von Peine im Jahre 1192, sich aus den hiesigen Landen begab, führte dieses vorstehende Wappen mit drei Balken und auf dem einfachen Helm drei Straußfedern, ohne Blätterwerk fort bis 1409. Von da an erscheinen die Blätter im Schilde, theils auf die Balken sich bloß beschränkend, theils das ganze Schild bedeckend und darüber hinaushängend, wie die Zeichnungen von 4 und 5 zeigen.

6. Dieses Wappen ist das des Jürgen von Rhoeden unter einer Stettiner Urkunde vom Jahre 1589. Wie man sieht liegen 3 Blätter auf 3 Balken, und auf dem einfachen Helm sind 3 Straußfedern. Es ist anzunehmen, daß die Vorfahren theils die Helmzier so, theils anders mit Pfeil und zweiten umgestülptem Helm geführt haben, jeder nach seiner Laune und Bequemlichkeit, auch vielleicht nach der des Petschaft-

stechers. Es ist unglaublich, wie wenig Logik und Genauig-
keit in früheren Zeiten bei dergleichen stattgefunden hat, eben
so wie bei den eigenwilligen Veränderungen in der Schreibart des Namens, wodurch alle Forschungen oft so sehr er-
schwert werden.

7. und 8. Diese Wappen, mit und ohne Arabesken als Schildhalter
und 3 Federn in der durchschossenen Sturmhaube sind in der
preußischen Linie bis in die Jetztzeit geführt seit Ende des
16. Jahrhunderts.

9. 10. 11. und 12. Diese Wappen mit 4 Federn, wovon die eine
abgebogen oder geknickt ist, sind seit dem 17. Jahrhundert
von der sächsischen und hannoverschen Linie geführt. Ob
das Wappen № 11 mit den zwei Feldern von den beiden
letzteren Linien oder von einer nur geführt ist, weiß ich nicht,
da nur der Abdruck bei den Familienpapieren ohne Erörte-
rung darüber vorhanden ist.

13. 14. und 15. Diese drei Wappen habe ich selbst graviren lassen.
Bekanntlich haben die Helmzierden einen relativen historischen
Werth und die Schildhalter und Devise gar keinen. Ich ließ daher
im Jahre 1845 das Wappen № 14 mit den beiden geharnischten
Figuren als Schildhalter in Dresden graviren. Veranlaßt wurde
ich dazu, um die beiden geschmacklosen besturmhaupteten Köpfe in
dem Groteschen Wappenbuche, wozu dieser den geviertheilten Schild
№ 11 als Modell genommen, zu verbessern, und nahm daher ganze
Figuren als Schildhalter. Jedoch seitdem ich genauere historische
Forschungen in unserer Familiengeschichte angestellt, wovon das vor-
läufige Resultat den Lesern hier vorliegt, habe ich es für angemessen
gehalten, auch von jetzt an die Schildhalter bleibend zu verändern,
und habe deshalb zwei rothe, reißende, gekrönte Löwen gewählt. Im
Ganzen sind Löwen sehr gewöhnliche Embleme, wie auch das Grote-
sche Wappenbuch beweist, jedoch ist der Löwe für unser Geschlecht

von großer Bedeutung in mehrfacher Hinsicht. Der älteste Zweig des Geschlechtes kam durch den gekrönten Löwen zu großer Macht und Ansehen und nahm ihn auf sein Schild. Der jüngere wurde durch ihn vertrieben und mußte sich in fernen Ländern eine andere Heimath suchen. Zur Erinnerung an beides und um daran den historischen Familiengeist zu erstarken, laßt uns von jetzt an bei den Löwen mit den alten Rhodenschen quergebalkten Schildern auf der Brust bleiben, die Devise »Fortitudini« fortführen und, diese stets vor Augen und im Herzen, danach handeln, dann schlagen wir nicht aus der Art, ehren unsere tapferen Vorfahren dadurch im Grabe und bringen Segen auf unsere Nachkommen.

Nachtrag.

Nachdem das vorliegende Manuscript fertig gedruckt, ja schon in einigen Exemplaren gebunden war, erhielt ich noch eine Nachricht von Wichtigkeit in Bezug auf die Eingangs erwähnte, sich Jahrhunderte lang fortsetzende Confusion der Namen Reden, Rheden und Rhoeden, wodurch sich das letzte Dunkel darüber aufklärt und die Acten damit geschlossen werden. Herr von Ledebur und auch andere Heraldiker machten mich darauf aufmerksam, daß in der Geschichte von Hildesheim, von Lauenstein 1789, außer den von Reden mit dem vierfach getheilten rothen und silbernen Schilde, und den von Rheden mit dem rothen Rade im silbernen Schilde, auch noch die von Roeden oder Röden zur Hildesheimischen Ritterschaft gezählt, und daß bereits 1516 die Gebrüder Hans und Heinrich von Röden (II. 104) dort genannt würden. Ich habe mich an die Familie von Rheden um etwaige Aufklärung darüber gewandt, und in diesem Augenblicke von dem Besitzer des Stammgutes (Kirch) Rheden, dem Baron von Rheden, erfahren, daß diese beiden angeführten Namen zweien seiner unmittelbaren, directen Vorfahren zugekommen wären, und in seiner Hauschronik verzeichnet ständen, auch in sonstigen Urkunden vorkämen. — Da nun mein seliger Onkel, der Oberst Adam Ernst Friedrich v. R., zugleich hildesheimischer Kriegsrath und Ritterschaftsdeputirter, auch Besitzer des Rittergutes Almstedt, in derselben Provinz war, so wird Lauenstein dadurch irre gemacht sein und geglaubt haben, daß Hans und Heinrich von Röden einerlei Geschlechts mit uns gewesen sein, während sie zu den Rheden gehören. Eben so hat sich früher Zedler, der Domherr Ascan von Rhoeden und fast alle ältere und neuere Heraldiker grade durch diesen falschen Buchstaben irre führen lassen, und in Folge dessen den Irrweg in den Forschungen betreten. Auch ich selbst konnte es mir nicht erklären, wie es zusammenhing, daß ein Zweig unseres Geschlechts im 16. Jahrhundert aus Pommern dort wieder sich ansässig gemacht hatte, ohne daß die schriftlichen Familiennachrichten dessen erwähnten, da Caspar Adam v. R. der erste war seit dem Stammvater Conrad von Rhoden, der die Marken der alten Braunschweig-Lüneburgischen Lande in der Mitte des 17. Jahrhunderts wieder überschritt, also beinahe anderthalb hundert Jahre später wie die beiden Obigen urkundlich vorkommen. Es ist mir daher sehr angenehm, daß alle Zweifel hierüber durch diese letzte Nachricht beseitigt sind, und die Forschungen dadurch in dieser Beziehung für die Zukunft den abgerundeten Abschluß erhalten haben.

Errata.

Seite 8, Zeile 15 von oben, lies statt „sondern mit" „sondern sie mit".

Seite 8, Zeile 17 von oben, lies statt „devutus" „decutus".

Seite 9 muß Note 1) Note 2) und Note 2) Note 1) sein.

Seite 10, Zeile 16 von unten, lies statt „Henriod" „Henrici".

Seite 18, Zeile 5 von unten, lies statt „Conrad II." „Conrad III."

Seite 24, Zeile 3 von oben, lies statt „1132" „1102".

Seite 44, Zeile 14 von oben, lies statt „Schiegelbeinschen" „Schieselbeinschen".

Seite 54, Zeile 4 von oben, lies statt „den Oberjägermeister" „dem Oberjägermeister".

Seite 91, Zeile 4 von unten, lies statt „Rothe's" „Bothe's".

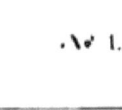

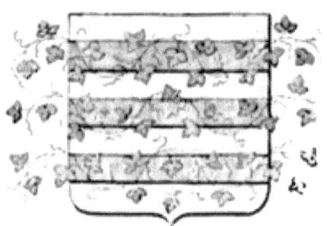

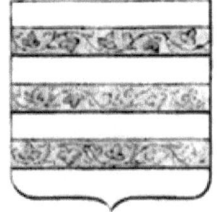

·N⁰ 10.

·N⁰ 11·

·N⁰ 12.

·N⁰ 13.